新时代新理念职业教育教材·铁道运输类
铁路新技术、新业态、新规范、新课程探索教材
职业教育适应加快发展新质生产力探索教材
校企双元合作开发教材

# 智能高速铁路服务技术

主　编　刘　辉　程荷兰

副主编　田亚护　施烨辉　兰云飞　袁绍东

主　审　王　涛

北京交通大学出版社

·北京·

## 内 容 简 介

本书依托职业教育专业简介（2022年修订）、职业教育专业教学标准等规范、文件由职业院校、本科院校骨干教师，铁路企业一线专家，出版社资深编辑合作进行编写。本书在系统介绍智能高速铁路和智能高速铁路底层基础技术的基础上，对智能高速铁路智能客运服务、智能动车组服务技术、智能车站服务技术、智能票务技术、智能客服技术进行了具体分析。本书体系完整、内容全面，对铁路客运服务领域的新技术、新业态、新规范作了较深入的阐述，是一本校企双元合作开发的聚焦铁路产业升级、适应加快发展新质生产力的创新型探索教材。

本书适合作为职业教育高速铁路客运服务专业、铁道交通运营管理等专业的教材，也可作为铁路企业职工培训用书。

**版权所有，侵权必究。**

**图书在版编目（CIP）数据**

智能高速铁路服务技术 / 刘辉，程荷兰主编. --北京 ： 北京交通大学出版社，2024.6. -- ISBN 978-7-5121-5276-2

Ⅰ. U293.3

中国国家版本馆 CIP 数据核字第 2024L53V09 号

**智能高速铁路服务技术**
ZHINENG GAOSU TIELU FUWU JISHU

责任编辑：刘　蕊

出版发行：北京交通大学出版社　　　　　电话：010-51686414　　　http://www.bjtup.com.cn

地　　址：北京市海淀区高梁桥斜街 44 号　　邮编：100044

印 刷 者：北京虎彩文化传播有限公司

经　　销：全国新华书店

开　　本：185 mm×260 mm　　印张：10　　字数：207 千字

版 印 次：2024 年 6 月第 1 版　　2024 年 6 月第 1 次印刷

印　　数：1～2 000 册　　定价：49.80 元

本书如有质量问题，请向北京交通大学出版社质监组反映。对您的意见和批评，我们表示欢迎和感谢。

投诉电话：010-51686043，51686008；传真：010-62225406；E-mail：press@bjtu.edu.cn。

# 前　言

　　智能高速铁路是世界铁路发展的方向，在新一轮科技革命到来之际，如何利用人工智能、大数据、云计算、北斗卫星导航、知识图谱、区块链、5G、物联网、BIM、GIS 等技术，实现铁路产业的升级，巩固我国在高速铁路领域的领先地位，是铁路行业、职业教育界面临的重大课题。

　　本书依托职业教育专业简介（2022 年修订）、职业教育专业教学标准等规范、文件由职业院校、本科院校骨干教师，铁路企业一线专家，出版社资深编辑合作进行编写，是一本校企双元合作开发的聚焦铁路产业升级、适应加快发展新质生产力的创新型探索教材。

　　本书在系统介绍智能高速铁路和智能高速铁路底层基础技术的基础上，对智能高速铁路智能客运服务、智能动车组服务技术、智能车站服务技术、智能票务技术、智能客服技术进行了具体分析。本书体系完整、内容全面，对铁路客运服务领域的新技术、新业态、新规范作了较深入的阐述。

　　本书适合作为职业教育高速铁路客运服务专业、铁道交通运营管理等专业的教材，也可作为铁路企业职工培训用书。

　　本书由北京交通大学出版社刘辉编审、江苏省城市地下空间开发利用与安全防护中心程荷兰博士担任主编，北京交通大学土建学院田亚护副教授、江苏省城市地下空间开发利用与安全防护中心施烨辉、黑龙江交通职业技术学院兰云飞、中国铁路沈阳局集团有限公司沈阳职工培训基地火车头奖章获得者袁绍东担任副主编，中国铁路沈阳局集团有限公司客运部副部长王涛高级工程师担任主审。由于编者水平有限，不足之处在所难免，恳请广大读者批评指正，反馈本书意见、索取教学资源可通过电子邮箱（hliu3@bjtu.edu.cn）进行联系。

编　者

2024 年 6 月

# 目　录

## 客运智能服务机器人、智能光纤系统……
## 科技铺就返乡路　智慧春运暖人心

　　2024 年春运于 2024 年 1 月 26 日正式启动，3 月 5 日结束，为期 40 天。来自交通运输部的数据显示，春运期间，铁路客运量完成约 4.8 亿人。

　　在这场"人口大迁徙"中，少不了科技的身影。帮旅客拿行李的客运智能服务机器人、调节室内光线和温度的智能天窗、给地下空间输送阳光的智能光纤系统……这些技术成果大幅提升春运效率，为旅客带来舒适便捷的出行体验。

### 机器人大展身手

　　近年来越来越多的机器人出现在机场、火车站，为旅客提供高质量服务。

#### 1. 客运智能服务机器人

　　京张高铁部分沿线车站推出客运智能服务机器人。该机器人不仅可以提供站内导航、查询列车到发时间等服务，还可以帮助旅客搬运大件行李。客运智能服务机器人有封闭储物箱，可以为旅客运送最重约 100 kg 的行李。携带大件行李的旅客来到机器人面前，可以将行李放在它的储物箱内，随后扫描二维码或进行人脸识别，机器人就会在站内跟随旅客行走。旅客还可以让机器人"带路"，前往指定检票口检票乘车。

客运智能服务机器人

#### 2. 动车组智能检修机器人

　　在旅客看不见的地方，机器人同样发挥着重要作用。

　　动车组结构复杂，零件众多。仅一节车厢底部就有 3 000 多颗螺栓需要检查，十分耗费人力。如今，动车检修人员有了机器人"同事"，检修效率得到大幅提升。

　　动车组智能检修机器人由车底机器人、360°综合检测系统、控制单元、多视觉图像采集单元以及数据处理中心等部分组成。这种机器人能够自动检测动车组，并对采集数据进行详细分析。动车组智能检修机器人的手臂能够 360°灵活旋转，轻松实现多角度检测。即便在狭窄车底等复杂工况中，机器人也能够对齿轮箱、牵引电机、车轴、制动盘、空气弹簧等关键部件进行快速检测。

利用高分辨率的图像处理系统，动车组智能检修机器人可大幅提升检修作业效率。它能够迅速完成车底部件的全景扫描和智能分析，将 8 节车厢的动车组总体检修时间从原来的 2.5 h 缩至 45 min。

动车组智能检修机器人如图 0-1 所示。

(a) 车端作业

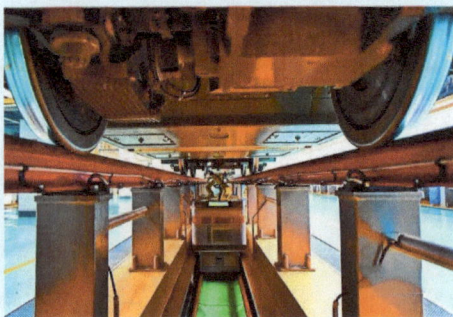

(b) 车底作业 1

(c) 车底作业 2

图 0-1 动车组智能检修机器人

### 3. 智能高铁商品配送机器人

机器人"同事"不仅活跃在检修车间，高铁商品仓库也有它们的身影。

深夜 23 点是一天中高铁商品仓库工作人员最忙碌的时候。次日始发高铁的商品出库、终到高铁商品移交、新进商品的入库等工作都会在此时进行。为了有效提升高铁商品仓储效率，上海华铁旅客服务有限公司引进智能高铁商品配送机器人。

这类机器人能够按照规划好的路线移动并搬运指定商品。当仓库内的所有商品全部按批次录入系统后，每个批次都会生成不同序列号。智能高铁商品配送机器人能够根据序列号准确找到商品，缩短商品积压时间，显著提升高铁商品配送效率。

智能高铁商品配送机器人

### 4. 智能高铁商品仓库

早在 2019 年，上海华铁旅客服务有限公司的第一个智能高铁商品仓库——合肥南站配送仓库进入试运营，智能仓库系统也上线运行，通过智能化运作将仓库的"人找货"革新成"货找人"作业模式。智能化管理系统替代人工，担当起合肥南站始发、途经高铁动车商品入库、出库、退库以及补货工作。

每趟高铁上销售的商品有上百种数千件，过去的工作模式是，针对每个车次的商品，都要在仓库里找一遍，相当耗费时间和精力，经常是 5 个库管员在仓库里汗流浃背忙一夜还容易出差错。

现在智能仓库系统实现商品按批入库、自动归类存储，消除了错拣漏拣现象，减少了商品积压时间，强化了食品安全卡控。机器人只需 1.5 h 就能充满电，可以满负载运行 8 h，按照"先进先出"原则准确找货，通过多路径规划、多任务分配，有效提高了作业效率，可同时进行 8 趟高铁动车组的配货工作，每天作业时间减少 105 min。途径合肥南站，看着从车下送到手里的盒饭，你是不是感觉饭菜更香了呢？

智能高铁商品仓库如图 0-2 所示。

图 0-2　智能高铁商品仓库

让车站有家的感觉

火车站是春运旅客最集中的区域之一。随着越来越多的科技成果落地，火车站逐渐朝智能化方向发展。

### 1. 智能天窗

位于福建省厦门市集美区的厦门北站是中国高铁站房中智能化程度最高的车站之一。这里的工作人员可以实时控制车站的亮度、温度等，为旅客创造舒适的候车环境。厦门北站的智能天窗可以根据实时监测的光照强度、风力、降雨量及室内外温差等数据，自动开合窗户或窗帘，改善室内环境，节约利用能源。据测算，智能天窗每年可以让通风系统停止运转 40 天，相当于减少 14.13 t 二氧化碳的排放。厦门北站的天窗如图 0-3 所示。

图 0-3　厦门北站的天窗

### 2. 智能光纤系统

旅客出站后经过的地下空间，即使不开灯，依然亮堂堂。

让地下空间亮堂堂的，是智能光纤系统。该系统的"秘密武器"是在室外安装的 82 套采光机。它们每天如向日葵般"追"着太阳采集阳光。大通量特种光纤将采集的阳光输送至地下空间，替代电力照明。"光纤照明覆盖面积达 7 000 m²。"吴振斌介绍，这个系统全年可以节约用电约 72 万 kW·h，相当于减少排放 565 t 二氧化碳。厦门北站地下空间如图 0-4 所示。

### 3. 站房智慧管控系统

让智能天窗、智能光纤系统等设备有序运行的，是厦门北站应用的站房智慧管控系统。该系统可以对站房内所有空调、照明、电梯等设备进行统一管控。有了这个系统，面积超过 2 万 m² 的候车大厅在 15 min 内就可以实现快速制冷。除此之外，该系统还能够自动分析、判断机电设备的运行状况，让设备始终处于最优能耗状态。

图 0-4　厦门北站地下空间

### 4. 智能餐厅

候车时间紧，想吃顿热乎饭，怎么办？位于济南站内的全国首家铁路智能餐厅（见图 0-5），最快 48 s 便可做出一碗面，平均 2.5 min 炒出一盘菜，能够在最短时间内为候车时间紧张的旅客提供食物。

图 0-5　铁路智能餐厅

"炒菜是靠机器人完成的。该机器人拥有 278 项国家专利，能够保证炒出来的菜品口味标准化。"铁路智能餐厅负责人任国涛告诉记者，一道菜从顾客点单，到配送上桌，最快仅需 5 min。炒菜机器人如图 0-6 所示。如果觉得 5 min 太长，铁路智能餐厅还为旅客准备了智能化无人面馆（见图 0-7）。工作人员只需在机器中加入面粉，48 s 后一碗美味的牛肉面就出锅了。"这台机器在制作第一碗面时大概要 2 min 预热。从做第二碗面开始，只需 48 s 就可以完成。"任国涛介绍，该机器能够实现从和面、切面再到入锅的全流程操作可视化。

铁路智能餐厅

(a) 外观

(b) 炒菜作业中

图 0-6 炒菜机器人

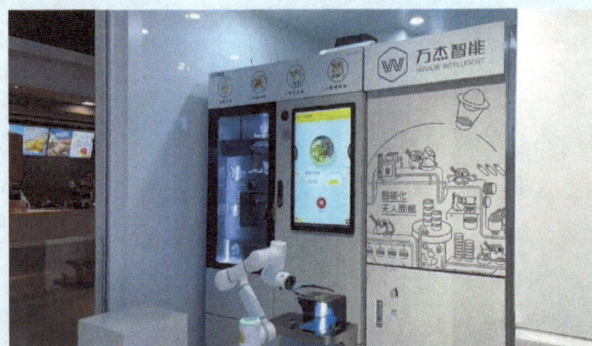

图 0-7 无人面馆

　　高铁智能餐厅里最耀眼的"明星"当属全自动智能咖啡机。不同于普通自动咖啡机，这款带有机械臂的咖啡机不仅可以制作浓缩咖啡，还能够模仿人类冲煮咖啡动作，为顾客送上一杯手冲咖啡。全自动智能咖啡机制作手冲咖啡如图0-8所示。

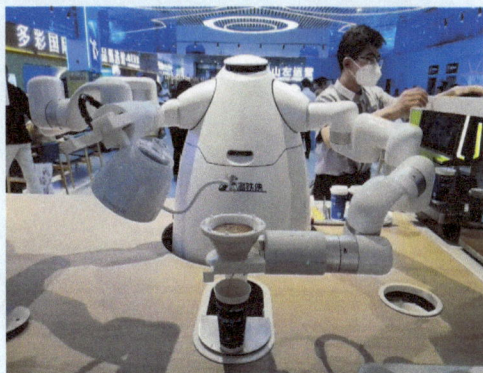

图0-8　全自动智能咖啡机制作手冲咖啡

　　怕烫？太重？懒得取餐怎么办？别担心！餐食制作完成后，送餐机器人便能送餐到桌，配送全程"无接触"，用餐体验更安全、更卫生。

送餐机器人

　　通过分析课程导入案例，思考以下引导问题。

| 问题1：目前已经投入应用的智能客运服务技术有哪些？ |
| :--- |
|  |
| 问题2：除了智能客运服务技术，智能高速铁路技术还包括哪些内容？ |
|  |

问题 3：智能高速铁路技术，特别是智能客运服务技术的底层基础技术有哪些？

问题 4：智能客运服务技术涵盖哪些内容？

问题 5：智能客运服务技术的价值表现在哪些方面？

# 项目 1
## 智能高速铁路认知

## 项目目标

了解智能高速铁路的发展现状

掌握智能高速铁路的概念、特征

明确智能高速铁路的及发展目标和意义

掌握智能高速铁路体系架构

明确智能高速铁路技术体系框架、数据体系框架、标准体系框架

## 任务 1.1　智能高速铁路概述

### 1. 智能高速铁路发展现状

#### 1）我国智能高速铁路发展状况

早在 2000 年初，中国铁道科学研究院集团有限公司就组建了国家铁路智能运输系统工程技术研究中心，围绕铁路智能运输、智能铁路等领域开展前瞻性研究。

2016 年，国家发展改革委和交通运输部印发《推进"互联网+"便捷交通促进智能交通发展的实施方案》，提出要以旅客便捷出行、货物高效运输为导向，全面推进交通与互联网更加广泛、更深层次的融合，为我国交通发展现代化提供有力支撑。2017 年，国家发展改革委与交通运输部签署《全面推进智能交通发展战略合作协议》，提出完善智能交通发展顶层设计，协同推进智能交通发展战略实施，提升交通运输管理决策水平，推进交通运输行业转型升级、提质增效、服务模式创新和安全绿色水平提升。

2017 年 10 月，党的十九大报告明确提出要建设"交通强国"。随后，我国铁路管理部门颁布《铁路信息化总体规划》，正式提出"智能高铁"的战略目标和建设的示范性工程，这标志着中国铁路信息化已经从自动化、数字化、网络化阶段走向智能化阶段。2019 年 9 月，我国政府发布了《交通强国建设纲要》，指出构建安全、便捷、高效、绿色、经济的现代化综合交通体系，并提出到 2035 年实现基础设施规模质量、技术装备、科技创新能力、智能化与绿色化水平位居世界前列，交通安全水平、治理能力、文明程度、国际竞争力及影响力达到国际先进水平。

2018 年 2 月，中国铁路总公司在北京至沈阳高铁辽宁段全面启动"高速铁路智能关键技术综合试验"，这是我国首次开展智能高铁试验。

中国国家铁路集团有限公司（以下简称"国铁集团"）提出了"不忘初心、牢记使命，交通强国、铁路先行"的任务目标，为建立新体制，展示新作为，实现新时代铁路企业高质量发展指明了方向。作为铁路人，要深刻领会铁路在党和国家大局中的重要作用和责任担当，要立足岗位，在"交通强国、铁路先行"中展示新作为。"十三五"期间，全国铁路营业里程由 12.1 万 km 增加到 14.63 万 km，高铁由 1.98 万 km 增加到 3.79 万 km，"四纵四横"高铁网提前建成，"八纵八横"高铁网加密成形；国家铁路完成货物发送量 157.8 亿 t、旅客发送量 149 亿人，其中动车组发送旅客 90 亿人；铁路总体技术水平迈入世界先进行列、高速、高原、高寒、重载铁路技术达到世界领先水平，推进智能高铁技术全面实现自主化，复兴号高速列车迈出从追赶到领跑的关键一步。

为了更好地服务北京冬季奥运会，京张高速铁路工程建设掀起了中国高铁智能化帷幕，也带来我国高速铁路设计和建造理念的革新。2019 年京张高速铁路建成并开通运营，标志着中国铁路开始进入智能时代。

2020 年 7 月，国铁集团正式发布了《新时代交通强国铁路先行规划纲要》，向我们展示了未来铁路发展的新蓝图，并开启新时代交通强国铁路新征程。《新时代交通强国铁路先行规划纲要》提出：到 2035 年，率先建成服务安全优质、保障坚强有力、实力国际领先的现代化铁路强国；到 2050 年，全面建成更高水平的现代化铁路强国，全面服务和保障社会主义现代化强国建设。

2022 年党的二十大胜利召开，习近平总书记在会上提出，"加快发展数字经济，促进数字经济和实体经济深度融合"，"坚持把发展经济的着力点放在实体经济上，推进新型工业化，加快建设制造强国、质量强国、航天强国、交通强国、网络强国、数字中国"，"实施产业基础再造工程和重大技术装备攻关工程，支持专精特新企业发展，推动制造业高端化、智能化、绿色化发展"。

中国铁路瞄准智能高铁这一前沿发展方向，在党的二十大精神的指引下，持续开展智能建造、智能装备、智能运营等领域的技术攻关，为国家提出的"交通强国""走出去"等战略的实施提供有力的技术支撑。未来中国高铁在技术方面会朝着更安全、更高速、更智能，以及更环保的方向发展，这不仅为百姓提供了更加便利的交通工具，也为"交通强国"战略提供了新样板，为中国的科技发展做出了新贡献。

我国高铁建设继续保持高速度、高质量，为进一步提升运营能力、完善网络布局奠定了基础。以福厦高铁、贵南高铁等为代表的新建高铁，在京张高铁开拓的智能化道路上稳步推进，我国智能高铁建设驶上快车道。

中国铁路以京张高铁、京雄城际等重大工程的建设运营实践为依托，创新性地提出了"模数驱动、轴面协同"的智能高铁管理方法，构建了技术体系、数据体系、标准体系三位一体的智能高铁成套体系架构，并全面推进了智能建造、智能装备、智能运营三大领域的科技创新。我国构建了由通用基础与管理标准、智能高速铁路应用标准、平台及支撑技术标准等组成的智能高铁标准体系，制定了工程施工、建设管理、智能动车组、列车运行控制、智能调度通信、智能牵引变电、智能客运、智能客票、智能运维、自然灾害监测、基础设施检测、大数据等 12 大类 108 项铁路行业标准。

2024 年 1 月 31 日，习近平在中共中央政治局第十一次集体学习时强调，加快发展新质生产力，扎实推进高质量发展。

新质生产力作为先进生产力的具体体现形式，是马克思主义生产力理论的中国创新和实践，是科技创新交叉融合突破所产生的根本性成果。2024 年 3 月 5 日，李强总理在作政府工作报告时强调"大力推进现代化产业体系建设,加快发展新质生产力"。

新质生产力是创新起主导作用,摆脱传统经济增长方式、生产力发展路径,具有高科技、高效能、高质量特征,符合新发展理念的先进生产力质态。它由技术革命性突破、生产要素创新性配置、产业深度转型升级而催生。以劳动者、劳动资料、劳动对象及其优化组合的跃升为基本内涵,以全要素生产率大幅提升为核心标志,特点是创新,关键在质优,本质是先进生产力。

科技创新能够催生新产业、新模式、新动能,是发展新质生产力的核心要素。必须加强科技创新,特别是原创性、颠覆性科技创新,加快实现高水平科技自立自强,打好关键核心技术攻坚战,使原创性、颠覆性科技创新成果竞相涌现,培育发展新质生产力的新动能。

我国铁路行业坚持创新驱动发展战略,深度推进行业领域关键技术自主攻关和产业化应用,在高铁建造成套技术体系、高原高寒铁路建造、重载铁路成套技术和标准体系、铁路智能化、信息化等方面取得重大突破性进展。站在新起点上,铁路作为服务和支撑中国式现代化的"火车头",以数智化赋能创新发展,将在线路设计、列车控制、牵引供电、运营管理等关键技术等领域不断取得新的成绩。

随着智能化铁路建设的不断深入,数字化运营场景的不断深化,未来中国铁路将进一步注入智能科技的力量,人工智能应用也将在铁路运营管理的每个角落闪亮发光,铁路工作者致力于将中国铁路标准更新为中国智能铁路标准,为全球铁路树立先进标杆。

### 2)国外智能(高速)铁路发展状况

德国、法国、英国、瑞士、日本等国家的铁路公司相继结合本国国情,以及企业发展现状和需求,出台铁路智能化发展的相关规划,做好铁路智能技术研发、推广及应用的顶层设计,力求推动智能化技术与铁路主要领域的全面、深度融合,抢占铁路科技新一轮发展的制高点。

(1)德国智能高速铁路发展状况。2015年6月,德国铁路股份公司(Deutsche Bahn AG,DB)宣布工业4.0和数字化将是未来DB面临的最大机遇,DB力争在此领域成为领导者。未来,DB计划构造一个包括运输4.0、基础设施4.0、物流4.0、技术创新4.0和工作岗位4.0在内的数字化企业,其初步设想如下。

① 运输4.0:成立创新实验室快速开发及实施满足客户未来需求的产品;进一步改善旅客信息服务;

② 基础设施4.0:将包括轨道、道岔和信号在内的基础设施制作成数码模块,实现快速和高效的运行线规划,提高线路使用效率;

③ 物流4.0:通过智能IT工具将所有的物流流程都联系起来,以便向客户提供个性化物流解决方案;建立跨业务部门的协调工作组和引入统一的客户App,以便优化客户接口。

④ 技术创新 4.0：例如 3D 打印技术将会形成 DB 新的服务。这种新服务会对运输流产生影响。

⑤ 工作岗位 4.0：通过数字化工具、视觉增强、模拟技术等优化铁路技术培训，并减轻员工的工作强度。

德国铁路 4.0 战略以提升乘客满意度为总体目标，制定了近期、中期、远期共三阶段的目标，实现深入生产、运营、维修养护、客户交互等铁路系统各环节的技术变革。德国铁路发展展望介绍如下。

近期目标（至 2025 年）：实现半自动化列车进路分配，提供下一代电子行程服务，通过列车的独特设计使乘客的移动设备与基站信号互联。

中期目标（2025—2035 年）：实现列车无人驾驶，能够提供更灵活、个性化的交通方式，机器人小汽车（cab）研制成功并投入使用。

远期目标（2035—2045 年）：形成新型数字化车间，实现电子商务和 3D 打印维护、运营过程全自动化，智能设备成为设备维护的日常工具。

（2）法国铁路。法国国营铁路集团（SNCF）总部位于巴黎。针对智能铁路的发展趋势，法铁实施了以下项目。

①"数字化法铁"项目。2015 年，法国国营铁路集团曾推出"数字化法铁"（DIGITAL SNCF）项目，该项目计划依靠工业互联网手段，在利用目标专属通信网络、数据云、各类传感器等设备与工具的基础上，辅以工作人员的业务处理，将列车、路网、站房三大区域用网络连接起来，形成连接的设备、连接的列车、连接的路网、连接的站房。

连接的设备：计划使用 3D 打印、工具传感器、能源传感器、机器人技术、数字化测试等技术，实现机车车辆数字化、可维修零部件数字化、信息流的数字化。

连接的列车：计划在运营列车部署传感器来进行数据采集，采集到的列车数据通过计算机进行智能分析。

连接的路网：计划通过实时远程监测、路网各部分的数字化，提高基础设施检修维护现代化水平。

连接的站房：计划在车站电梯、站台等设备设施安装传感器，达到提升设备有效使用率、节约能源等目的。

② TECH4RAIL 未来发展项目。2016 年，为了通过技术创新提高性能、安全性和可靠性，改善客户服务，使铁路系统更具竞争力，法铁提出了 TECH4RAIL 未来发展项目，将在大趋势、技术突破、新的商业模式三个方面进行全面布局，为在未来的移动运输竞争中获得先机。法铁 TECH4RAIL 未来发展项目将铁路发展推进模式划分为以下三个阶段。

至 2020 年，对现有铁路系统进行改进，重点关注自动驾驶和 3D 打印。

2021—2030 年，构建颠覆性创新的铁路系统。

2031—2040 年，为铁路客户建立一个竞争、便捷、可持续、与未来运输紧密结合的铁路系统。

法铁 TECH4RAIL 最终将实现五大目标：一是以客户为中心的系统，实时互联客户需求，以提供满足期望、可靠、安全、易于访问的服务；二是具有竞争力的系统，降低成本，最大化铁路系统整个库存利用率；三是简化和标准化的系统，加强组件的可迁移性，并缩短新技术应用的时间；四是可持续和迅速响应的系统，通过优化资源利用和限制碳排放，达到社会公共服务的要求；五是与未来移动性融合的系统，将铁路系统纳入全球"门到门"服务，并将车站变成集成服务和各种移动性的站点。

（3）英国铁路。英国铁路企业于 2018 年制定了数字铁路战略，重点关注人才技术与业务能力、列车运行控制、自动驾驶、交通管理与可靠性、移动通信数据互联、智能基础设施等领域，从而实现资产可持续性增值、提高载运能力、增强安全性、加强用户体验、加速经济增长、改善环境等目标。同时，勾勒出数字化铁路三阶段发展蓝图，即短期目标（至 2019 年）、中期目标（2019—2027 年）和长期目标（2027 年之后）。英国数字化铁路三阶段发展蓝图介绍如下。

短期目标（至 2019 年）：将基于当前铁路发展成就，对既有线路进行更新与扩展。同时借鉴国内外类似领域的先进技术成果，展开创新技术的应用。

中期目标（2019—2027 年）：重点关注安格利亚、伦敦东北、东南、威塞克斯和西部等五大铁路线，部署其发展规划。通过数字化方式大力提高受限的运力，并以较低的运营成本为铁路用户和英国经济带来更广泛的利益。

长期目标（2027 年之后）：长期目标的制定相对灵活，随着数字技术发展越来越成熟，从中获得可借鉴的经验，进一步与铁路应用场景结合，预计在数字信号、智能基础设施和列车控制等方面降低成本，未来数字技术将成为铁路网的日常运营手段。

（4）瑞士铁路。为了通过数字化和新技术应用提高铁路运营效率，2017 年瑞士联邦铁路公司提出了 Smart Rail 4.0 战略，从成本、能力、可用、安全、服务五个方面提出面向企业与客户的战略目标。成本方面，将每年的运营成本降低三分之一，为客户提供更优的价格和更好的服务质量；能力方面，增加 15%～30% 的运输能力，提高运行的活性；可用方面，将信号系统的性能提升 50%，减少行程干扰，提高准时率；安全方面，减少 90% 的铁路运营故障，为客户提供更安全的环境；服务方面，铁路企业内部实现互联互通，为客户提供更好的在线旅行体验。

（5）日本铁路。日本铁道综合技术研究所于 2019 年发布了"RESEARCH2025"科研发展规划，旨在推进数字化技术在铁路研发领域的广泛应用，实现铁路系统性创新。

"RESEARCH2025"科研发展规划提出着力推进信息处理技术，以及 5G 等与高速通信网络相融合的物联网、大数据、人工智能等数字化技术在铁路行业的应用，促进列车运行的自律化和基于大数据平台支持的数字化养护维修的实施，将应对铁路现场劳动力不足等问题的省力化技术的相关研发作为重点课题。另外，积极推进新干线提速，节能环保型铁路等相关技术研发，通过构建"绿色出行一体化服务平台"（MaaS）等创造新兴客服商品，服务于铁路系统的创新。"RESEARCH2025"科研发展规划具体内容如下。

① 列车运行自律化。开展在线列车能够把握线路内和沿线的状况、控制道岔等地面设备、自主实施安全走行速度控制的列车运行自律化的关键技术研发，具体包括：研发利用卫星定位的车上位置检知、线路内和沿线的异常检知、无线地面设备控制、基于沿线和车辆信息判断运行状态的技术，以及减少城市圈列车晚点、恢复正点，节能驾驶模式等运行控制手段。

② 数字化养护维修。数字化养护维修指根据设备状态测试数据，进行异常检知、预测状态变化，并判断合理补修或修缮的时机和方法。为此，研制采用车上测试的线桥隧状态的自动诊断技术、基于电网监视的高阻抗接地等早期异常检知技术，构建工务和供变电设备车上测试数据的综合分析平台等。

③ 基于电网电力协调控制的低碳化。为了积极利用外部系统的可再生能源，促进铁路电网的低碳化，研发铁路用蓄电系统与外部电力的协调控制技术手段。同时，为了更加有效地利用再生电力，促进节能化，研发电力储存装置和高性能整流器等节能装置的实时协调控制技术，以及适应列车运行工况、自动生成节能驾驶模式的技术。

⑤ 适应沿线环境的新干线提速。利用新建成的低噪声列车模型走行试验台和高速弓网试验台，研发走行部气动力噪声和隧道微气压波的降噪技术，研发适应更高速度、具有高受流性能、低噪声性能的受电弓，以及高速走行时控制转向架周边气流的除雪技术。

### 2. 智能高速铁路的概念

王同军在《智能高速铁路概论》一书中，认为智能高速铁路（intelligent high speed railway，IHSR）是广泛应用云计算、大数据、物联网、移动互联、人工智能、北斗导航、BIM、5G等新一代信息技术，综合、高效利用资源，实现高速铁路移动装备、固定基础设施及内外部环境间信息的全面感知、泛在互联、融合处理、主动学习和科学决策，实现全生命周期一体化管理的新一代高速铁路系统。

智能高速铁路可以概括为"一条主线，五个能力，五大目标"。

（1）"一条主线"是实现全生命周期一体化管理，即实现基础设施设计、建造、运营全生命周期贯通。

（2）"五大能力"是智能高铁的特征，即全面感知、泛载互联、融合处理、主动学习、科学决策。

（3）"五大目标"是通过智能技术的应用，实现高铁运营更加安全可靠、更加温馨舒适、更加节能环保、更加经济高效和更加方便快捷。

李平认为定义和内涵可以分为4个层面。第一，智能高铁是新技术驱动的。其融合应用了云计算、大数据、物联网、人工智能、北斗导航、BIM、5G 等新一代信息技术。第二，智能高铁是大数据驱动的。它会综合高效利用铁路内外部的各种数据资源。第三，智能高铁具备典型的智能系统特征。其实现高铁移动装备、固定基础设施及内外部环境信息的全面感知、泛在互联、融合处理、主动学习和科学决策。第四，智能高铁是全生命周期一体化管理的。整条铁路从勘察设计、工程施工到运营管理等各个环节的数据和业务都是全面贯通的。

我们也可以从"智"和"能"两个角度来解读智能高铁的智能。"智"，体现在智能高铁的"高智商"和"高情商"。在"高智商"方面，智能高铁可以综合运用大数据、人工智能等技术做精细化决策，让旅客出行服务、设备设施运维、运行安全保障、运输调度指挥等方面的决策更精准更及时。在"高情商"方面，智能高铁具备较强的"轴+面"整体协同能力。"轴"是指智能高铁设计、施工、运营等全生命周期构成的主轴线，在这个主轴上实现 3 个阶段正向信息无损传递和反向迭代优化。"面"是指全生命周期各时间截面上的全部要素，例如在施工截面上需要统筹考虑质量、进度、安全、投资等多个维度的协同，实现多要素整体最优。"能"，体现在智能高铁发挥的能力和作用上。智能技术的应用，在提高旅客出行服务品质、降低高铁建造和运营成本、提高运输效率效益、提升高铁安全保障能力等方面发挥重要能效。

### 3. 智能高速铁路的特征及发展目标

#### 1）智能高速铁路的特征

智能高速铁路是信息化、智能化技术与高速铁路各领域深度融合的新一代高速铁路系统，在高速铁路所具备的传统特征基础上，信息化、智能化技术又赋予了智能高速铁路新的功能与特征，使其可以对铁路各系统要素进行全面实时感知，不断适应环境进行主动学习，实现各类数据的深度融合与广泛共享，通过对大量数据的挖掘、分析和推理，提出科学合理的决策支持。综上所述，智能高速铁路具有全面感知、泛在互联、融合处理、主动学习、科学决策等特征。

（1）全面感知。通过建设具备多维感知、广泛覆盖的传感器网络，实现高速铁路固定设施、移动装备、自然环境之间的有效通信，对路网、列车、气候、环境、旅客等各种铁路要素进行全面透彻的信息感知，为高速铁路运营管理提供信息支撑。

（2）泛在互联。依托物联网、无线通信、传感探测等技术，实现高速铁路固定设施、移动装备等多类信息之间广泛、深度、安全的信息交互与共享，在全时空动态信息采集与融合的基础上实现路网、车站、列车、人员等对象的泛在连接，实现人–车–流–网–环的协同管理，提高高速铁路运行效率。

（3）融合处理。充分利用不同时间、空间的多源、异构数据资源，实现海量数据的高效融合与智能处理，并与旅游、餐饮、商务等行业，以及其他运输方式实现信息共享与融合，开展跨专业、跨行业的大数据分析，为综合决策提供科学依据。

（4）主动学习。智能高速铁路具有主动适应环境和根据数据、信息动态学习和演进的能力，并实时感知外部环境状态，选择最优行为策略，不断自我迭代、完善、优化和更新。

（5）科学决策。基于大数据分析、知识推理等方法，通过对全生命周期的海量异构信息的挖掘提炼、计算分析、推理预测形成最优的决策信息，为决策者提供更加高效、精准的运营管理和经营决策等支持。

### 2）智能高速铁路的发展目标

智能高速铁路将实现更加安全可靠、更加经济高效、更加温馨舒适、更加方便快捷、更加节能环保的发展目标。

（1）更加安全可靠。通过对高速铁路固定设施、移动装备、运输过程及自然环境等的状态感知，实现各类风险、隐患、故障等的预测、预警，建立主动感知和超前防范机制，整体提升高速铁路运行安全保障能力。

（2）更加经济高效。通过高速铁路运输组织的智能优化，提高运输效率；通过高速铁路设备设施全生命周期管理，实现"计划修"向"状态修"转变，降低养护维修成本；通过精益化经营管理提高高速铁路经营效益。

（3）更加温馨舒适。动车组、车站等采用大量人性化设计，为旅客提供全方位、全过程出行服务，满足旅客多样性和个性化服务要求，提升旅客出行体验。

（4）更加方便快捷。通过运输模式创新和业务流程再造，为旅客提供"门到门"的一站式出行服务，实现出行信息透明化、出行服务多样化、出行体验便捷化。

（5）更加节能环保。优化动车组动力结构和列车运行控制方式，实现各环节用电在线监测、智能分析和节能控制，降低高速铁路能源消耗。优化建筑结构、设备性能，降低环境、噪声污染，促进高速铁路绿色发展和可持续发展。智能高速铁路的特征及发展目标如图 1-1 所示。

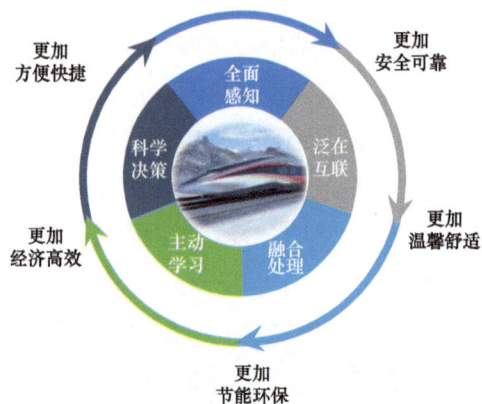

图 1-1　智能高速铁路的特征及发展目标

### 4. 大力发展智能高速铁路建设的意义

（1）发展智能高速铁路是瞄准世界最先进技术，依托人工智能，着力打造数字化、智能化铁路，实现中国高铁持续领跑世界的要求。德国、法国、英国、瑞士、日本等多个国家制定了铁路数字化发展战略。我国是世界上高铁建设和运营规模最大的国家，同时也是高铁运营场景最为丰富的国家。发挥我国高铁的规模优势、数据优势、场景优势和制度优势，加快推进中国智能高铁的成体系高质量发展，对持续保持我国高铁的领跑地位具有重要意义。

（2）发展智能高速铁路是深入实施创新驱动发展战略，服务国家重大战略需求的要求。发展智能高速铁路是实现中国铁路现代化，提高运输生产效率、服务水平和管理水平，保障运输安全的重要抓手，也是我国高铁充分发挥创新主体作用，坚定不移走自主创新之路，打造"自主创新+智能创造"铁路技术创新体系的必由之路。

当前，大数据、物联网、人工智能等技术快速发展，形成许多新的发展机遇和创新成果，只有抓住这一机遇，加大科技创新力度，不断完善铁路技术创新体系，向智能化铁路迈进，才能实现铁路技术创新的新跨越和新突破，有力支撑、保障国家重大战略实施，加快资源要素流动，提高资源配置效率，促进区域协调发展，依托高铁催生通道经济和枢纽经济，成为区域经济发展的新引擎和推动高质量发展的新动能。

（3）发展智能高速铁路是满足中国高铁服务、安全、效率持续提升的现实需要。截至2023年底，全国铁路营业里程达到 15.9 万 km，其中高铁 4.5 万 km。服务、安全、效率成为关乎铁路高质量发展的重要因素。智能高铁海量多源异构数据的融合分析，将有利于洞察不同旅客群体的个性化出行需求，从需求出发制订高铁运营计划，洞悉极端情况下安全风险隐患，实现及时预警处置，从而为旅客提供更加温馨舒适、更加方便快捷、更加安全可靠的出行服务。

随着自动驾驶、刷脸进站、5G 网络等"黑科技"的普及应用，中国高铁已逐步实现智能化服务，基本形成了覆盖智能建造、智能装备、智能运营三大领域的智能高铁技术体系、数据体系和标准体系框架，并在基础理论和前瞻技术研究方面取得新进展。在未来通过云计算、物联网、大数据、人工智能等新技术的加持，中国将不断推动世界智能高铁的发展进程，引领世界铁路发展。

## 任务 1.2 智能高速铁路体系架构

### 1. 智能高速铁路体系架构设计原则

智能高速铁路体系架构是从技术、数据、标准等维度对智能高速铁路包含的各组成部分及其相互关系进行的体系化、层次化、规范化设计。智能高速铁路技术体系框架是从技术层面对智能建造、智能装备、智能运营三大板块的核心要素、关联关系等进行的整体设计。智能高速铁路数据体系框架是从数据层面按照数据全生命周期管理流程对智能高速铁路内外部数据资源的汇集、治理、共享和分析等进行的整体设计。智能高速铁路标准体系框架是从标准层面对智能高速铁路建造、装备、运营全产业链成套技术及相关基础和支撑标准进行的整体设计。

智能高速铁路是一个涵盖多专业、多领域、多项新技术的复杂信息物理系统，其建设不是一蹴而就的，需要在统一的体系架构指导下分阶段、分步骤有序推进。智能高速铁路体系架构是在系统总结京张高铁、京雄城际铁路的智能化创新实践基础上形成的智能高速铁路建设和运营的指导性架构，涵盖了智能高速铁路技术体系框架、数据体系框架、标准体系框架等重要内容。随着智能高速铁路相关技术和应用需求的不断发展，未来可根据实际需要进行持续优化与扩展。智能高速铁路体系架构如图 1-2 所示。

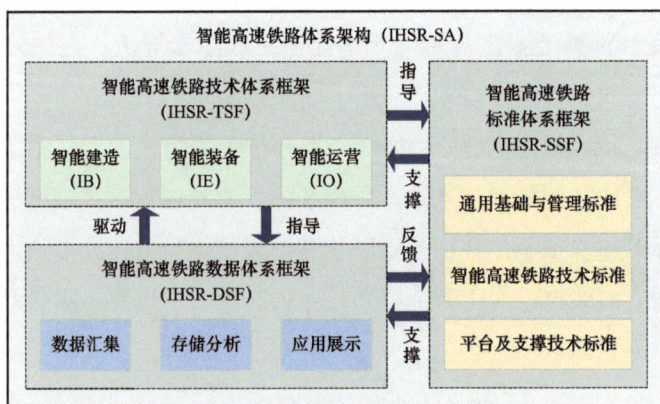

**图 1-2　智能高速铁路体系架构**

（1）智能高速铁路技术体系框架是智能高速铁路体系架构的核心，定义了智能建造、智能装备、智能运营三大板块的技术构成，为数据体系框架、标准体系框架的制定提供指导。

（2）智能高速铁路数据体系框架针对技术体系框架中定义的智能建造、智能装备、智能运营三大板块创新应用产生的数据及其他相关的内外部数据，以数据全生命周期管理为主线，定义了数据汇集、存储分析和应用展示等服务，为技术体系框架提供数据驱动，为标准体系框架提供反馈。

（3）智能高速铁路标准体系框架为技术体系框架和数据体系框架的落地应用提供数据、技术、管理等方面的标准支撑，定义了通用基础与管理标准、智能高速铁路技术标准、平台及支撑技术标准等组成内容。

### 2. 智能高速铁路技术体系框架

#### 1）技术体系框架总体构成

智能高速铁路技术体系框架设计采用分类、分层设计原则，自顶而下划分为板块、领域、方向、创新、平台5个层面，可概括为3个板块，10个领域，18个方向，N项创新，1个平台。智能高速铁路技术体系框架如图1-3所示。

3个板块指智能建造、智能装备、智能运营。

10个领域指在3个板块框架下勘察设计、工程施工、建设管理、移动装备、通信信号、牵引供电、检测监测、客运服务、运输组织、养护维修等领域。

18个方向指在3个板块10个领域框架下的空天地一体化工程勘察、基于BIM工程设计、桥隧路轨工程智能化施工、客运站工程智能化施工、四电工程智能化施工、基于BIM+GIS工程建设管理、智能动车组、智能综合检测车、信号、通信、智能牵引供电、智能检测监测、智能客运、智能票务、智能综合调度、智能行车调度、工电供一体化运维、动车组智能运维等方向。

N项创新指在3个板块、10个领域、18个方向框架下基于GIS的智能勘探、BIM建模、智能梁场、车站智能施工、电气化工程智能施工、基于BIM的虚拟建造、动车组智能监控、智能检测数据分析、智能牵引变电所、基础设施智能检测监测、站车智能服务、客票电子化、列车运行计划自动调整、运维智能决策等智能化创新。

1个平台指为智能高速铁路技术创新提供支撑和服务的智能高速铁路基础平台。

#### 2）智能建造技术体系框架

按照基础设施的建造过程，智能建造板块横向上划分为勘察设计、工程施工、建设管理3个领域。

勘察设计领域包含空天地一体化工程勘察、基于BIM的工程设计等方向。其中，空天地一体化工程勘察主要包括基于GIS的智能勘探、空天地一体化智能测绘、数字化勘察交付等

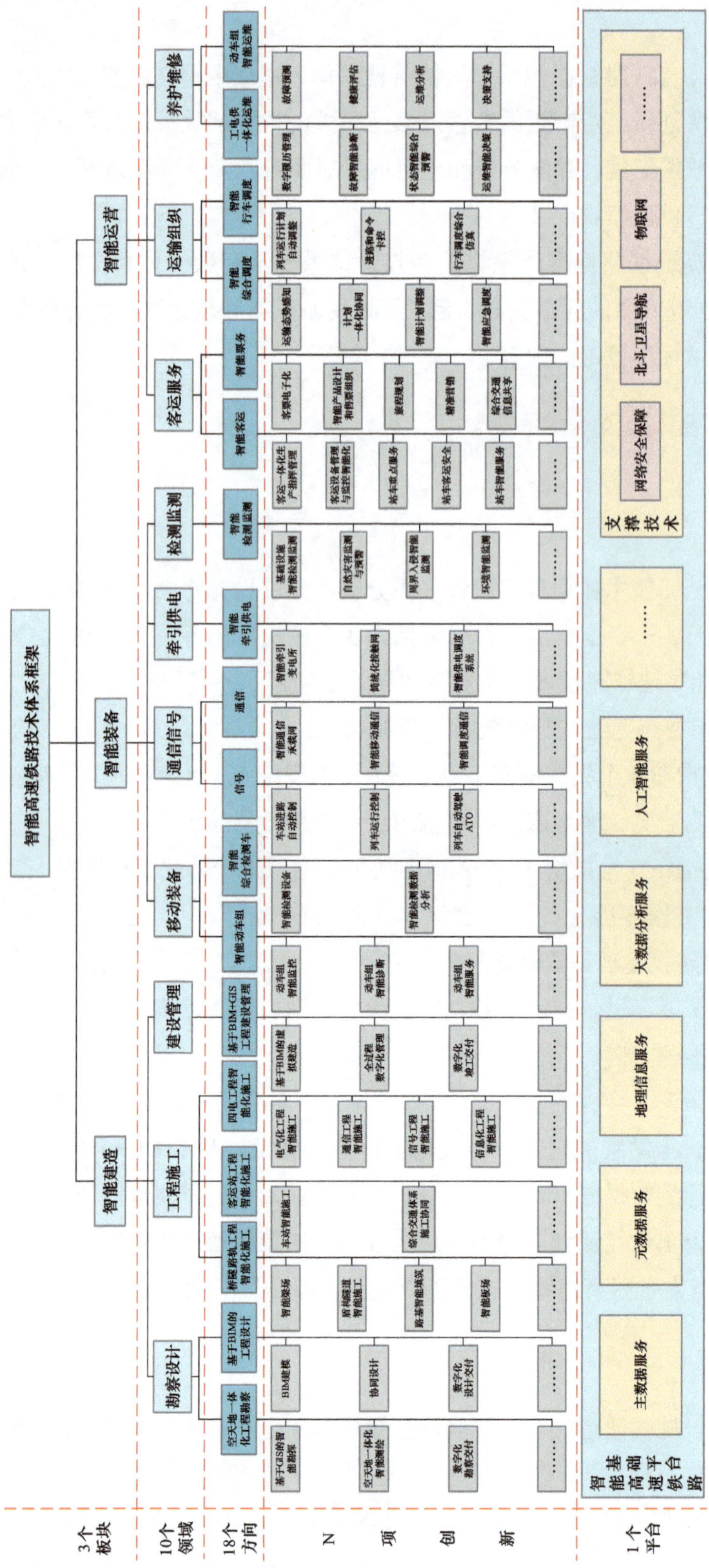

图 1-3  智能高速铁路技术体系框架

创新内容；基于 BIM 的工程设计主要包含 BIM 建模、协同设计和数字化设计交付等创新内容。

工程施工领域包含桥隧路轨工程智能化施工、客运站工程智能化施工、四电工程智能化施工等方向。其中，桥隧路轨工程智能化施工主要包括智能梁场、盾构隧道智能施工、路基智能填筑、智能板场等创新内容；客运站工程智能化施工主要包括车站智能施工、综合交通体系施工协同等创新内容；四电工程智能化施工主要包括电气化工程智能施工、通信工程智能施工、信号工程智能施工、信息化工程智能施工等创新内容。

建设管理领域包含基于 BIM+GIS 工程建设管理等方向，主要包括基于 BIM 的虚拟建造、全过程数字化管理、数字化竣工交付等创新内容。

### 3）智能装备技术体系框架

按照主要业务对象分类，智能装备横向上划分为移动装备、通信信号、牵引供电、检测监测 4 个领域。

移动装备领域包含智能动车组、智能综合检测车等方向。其中，智能动车组主要包括动车组智能监控、动车组智能诊断、动车组智能服务等创新内容；智能综合检测车主要包括智能检测设备、智能检测数据分析等创新内容。

通信信号领域包含信号、通信等方向。其中，信号主要包括车站进路自动控制、列车运行控制、列车自动驾驶 ATO 等创新内容；通信主要包括智能通信承载网、智能移动通信、智能调度通信等创新内容。

牵引供电领域包含智能牵引供电等方向，主要包括智能牵引变电所、简统化接触网、智能供电调度系统等创新内容。

检测监测领域包含智能检测监测等方向，主要包括基础设施智能检测监测、自然灾害监测与预警、周界入侵智能监测、环境智能监测等创新内容。

综上所述，智能装备板块可概括为 4 个领域，6 个方向，18 项创新，未来可根据需要扩展创新内容。

### 4）智能运营技术体系框架

按照运营领域的主要业务分类，智能运营横向上可划分为客运服务、运输组织、养护维修等 3 个领域。

客运服务领域包含智能客运、智能票务等方向。其中，智能客运主要包括客运一体化生产指挥管理、客运设备管理与监控智能化、站车重点服务、站车客运安全、站车智能服务等创新内容；智能票务主要包含客票电子化、智能产品设计和售票组织、旅程规划、精准营销、综合交通信息共享等创新内容。

运输组织领域包含智能综合调度、智能行车调度等方向。其中，智能综合调度主要包括运输态势感知、计划一体化协同、智能计划调整、智能应急调度等创新内容；智能行车调度主要包括列车运行计划自动调整、进路和命令卡控、行车调度综合仿真等创新内容。

养护维修领域包含工电供一体化运维、动车组智能运维等方向。其中，工电供一体化运维主要包括数字履历管理、故障智能诊断、状态智能综合预警、运维智能决策等创新内容；动车组智能运维主要包括故障预测、健康评估、运维分析、决策支持等创新内容。

综上所述，智能运营板块可概括为 3 个领域，6 个方向，25 项创新，未来可根据需要扩展创新内容。智能运营技术体系架构如图 1-4 所示。

图 1-4　智能运营技术体系架构

### 5）基础平台技术体系框架

基础平台为智能建造、智能装备、智能运营 3 个板块 10 个领域 18 个方向的 N 项创新提供主数据、元数据、地理信息、大数据分析、人工智能等服务，并跟踪采用网络安全保障、北斗卫星导航、物联网等支撑技术。

### 3. 智能高速铁路数据体系框架

中国铁路科技工作者聚焦数字化、网络化、智能化的发展方向，把握智能高铁技术基础与核心，注重并突出铁路数据研究与应用，构建了智能高铁数据体系框架。

### 1）智能高铁数据体系框架

智能高速铁路采用"平台+应用"的铁路大数据应用模式，形成了智能高铁数据体系框架。该框架自底向上分为数据汇集层、存储处理层和分析应用层。其中，数据汇集层用于汇集来自智能建造、智能装备、智能运营三大板块和既有的业务信息系统的数据，以及其他交通方式、气象、地震等外部相关数据，是智能高铁数据存储和处理的输入。存储处理层基于数据服务平台，对数据进行标准化、规范化处理，按工程建造、基础设施、移动装备、运营服务等不同主题，建立数据组织与存储结构，规范、管理各专业、跨部门的数据资源。分析应用层采用"平台+应用"的铁路大数据应用模式，围绕工程建设、移动装备、基础设施、运输生产、运营安全、客运管理与服务、综合交通共享等领域，开展大数据典型应用，实现大数据技术与智能高铁核心业务的深度融合。

### 2）对数据的运用和分析迈入新的阶段

在智能建造领域，通过加强工程设计、建设管理和施工阶段各生产环节的数字化、网络化技术实践，开展了以 BIM 技术运用为核心、信息技术与工程建造技术相融合的技术创新。搭建了 BIM 设计参数化协同平台，基于 BIM+GIS 的工程建设管理平台，实现建设数据的自动采集和信息互联，支撑参建各方协同管理、辅助决策，以及建设质量的可追溯闭环管理。在桥梁工程方面实现了虚拟预拼装和数字化制造，在隧道工程方面，广泛应用了超前地质预报、隧道围岩量测及三维激光断面扫描技术，实现盾构机作业状态监控和协同管理。在路基施工方面，实现基桩施工精准控制与路基智能化连续压实。在车站建造方面，实现可视化施组、虚拟建造，以及安全风险监控和质量安全红线信息化管理。

在智能装备领域，通过运用数据挖掘技术和信息新技术，促进固定基础设施和移动装备的 PHM 技术提升，增强了安全保障水平。在智能动车组方面通过全车设置的 2 700 多个传感监测点，实现高速列车和运行环境的状态实时检测，并以 PHM 为核心，推动列车服役性能由阈值管理向状态管理的提升。智能牵引变电系统通过供电设施、供电调度及运行检修管理系统等在线、离线及运行监测数据等多源信息的融合分析，实现了对牵引供电关键设备状态与故障识别功能，为主动运维提供了技术手段。线路一体化综合视频，应用云计算、边缘计算、智能分析等新技术，实现了线路视频数据云节点存储，具备视频智能分析基础能力。

在智能运营领域，通过加强数据共享、互联互通建设，促进了应用集成、业务联动，提高了运营管理与服务品质，为持续深入开展大数据研究和优化提供了条件。在智能 CTC 系统方面，扩展了与客票系统、灾害监测信息系统、供电调度系统相关工种之间的信息共享和联动，实现了与 ATO 自动驾驶的列车运行计划和列车运行实时信息的交互。一体化运维平台，通过引入 BIM+GIS 数据，集成基础设施设计建造阶段数据，共享运营期监测检测、运用维修、生产作业等动静态数据，建立基础设施全生命周期的运维可视化、数字化支撑平台，为多专业融合的一体化管理和状态综合评估奠定基础。票务服务依托客票三期工程，采集乘客服务进度、变更信息实时更新和完整轨迹记录，建立旅客服务电子档案，通过大数据为乘客服务偏好进行画像，为开展精细化、个性化的延伸和增值服务提供手段。旅客服务与生产管控平台全面集成了旅客服务、安全保障、生产指挥、节能环保 4 项业务，采用云计算模式，硬件资源统一部署于数据中心，实现了车站资源共用、数据共享、业务联动、协同指挥的功能，节约了建设投资，提高了车站旅客服务与管理效率。

中国铁路依托武清主数据中心，基于云计算多中心双活模式，承载全路集中应用系统部署和数据资源存储，汇集海量数据形成 PB 级铁路数据湖，建成铁路数据服务平台及其模型算法库，支撑铁路各专业智能化应用。目前，全路电子客票、京张高铁旅客服务与生产管控平台、北斗应用服务平台已在数据中心集中部署，接入了动车组车载监测、一体化综合视频、智能防灾等系统的数据。

### 4. 智能高速铁路标准体系框架

#### 1）标准体系框架总体构成

智能高速铁路标准体系框架由通用基础与管理标准、智能高速铁路技术标准、平台及支撑技术标准构成，主要包括 3 个一级类目，9 个二级类目，26 个三级类目，以及若干可扩展类目。智能高速铁路标准体系框架如图 1-5 所示。

（1）通用基础与管理标准。

通用基础与管理标准包含通用基础标准、管理与服务标准 2 个二级类目。其中，通用基础标准由定义及术语、编制通则 2 个三级类目组成；管理与服务标准由技术研发与管理标准、智能化水平评价标准 2 个三级类目组成。

（2）智能高速铁路技术标准。

智能高速铁路技术标准包含智能建造标准、智能装备标准、智能运营标准 3 个二级类目。

① 智能建造标准由勘察设计标准、工程施工标准、建设管理标准等 3 个三级类目组成。其中，勘察设计标准包含铁路工程信息模型设计阶段实施标准等可扩展类目；工程施工标准包含铁路无砟轨道板枕智能建造技术规程、高速铁路路基智能填筑技术规程、铁路盾构隧道智能建造技术规程等可扩展类目；建设管理标准包含基于 BIM 的虚拟建造标准、全过程数字化管理标准等可扩展类目。

② 智能装备标准由移动装备标准、通信信号标准、牵引供电标准、检测监测标准 4 个三级类目组成。其中，移动装备标准包含智能动车组标准、智能综合检测车标准等可扩展类目；通信信号标准包含列车运行控制标准、列车自动驾驶 ATO 标准、智能调度通信标准等可扩展类目；牵引供电标准包含智能牵引变电所标准、简统化接触网标准等可扩展

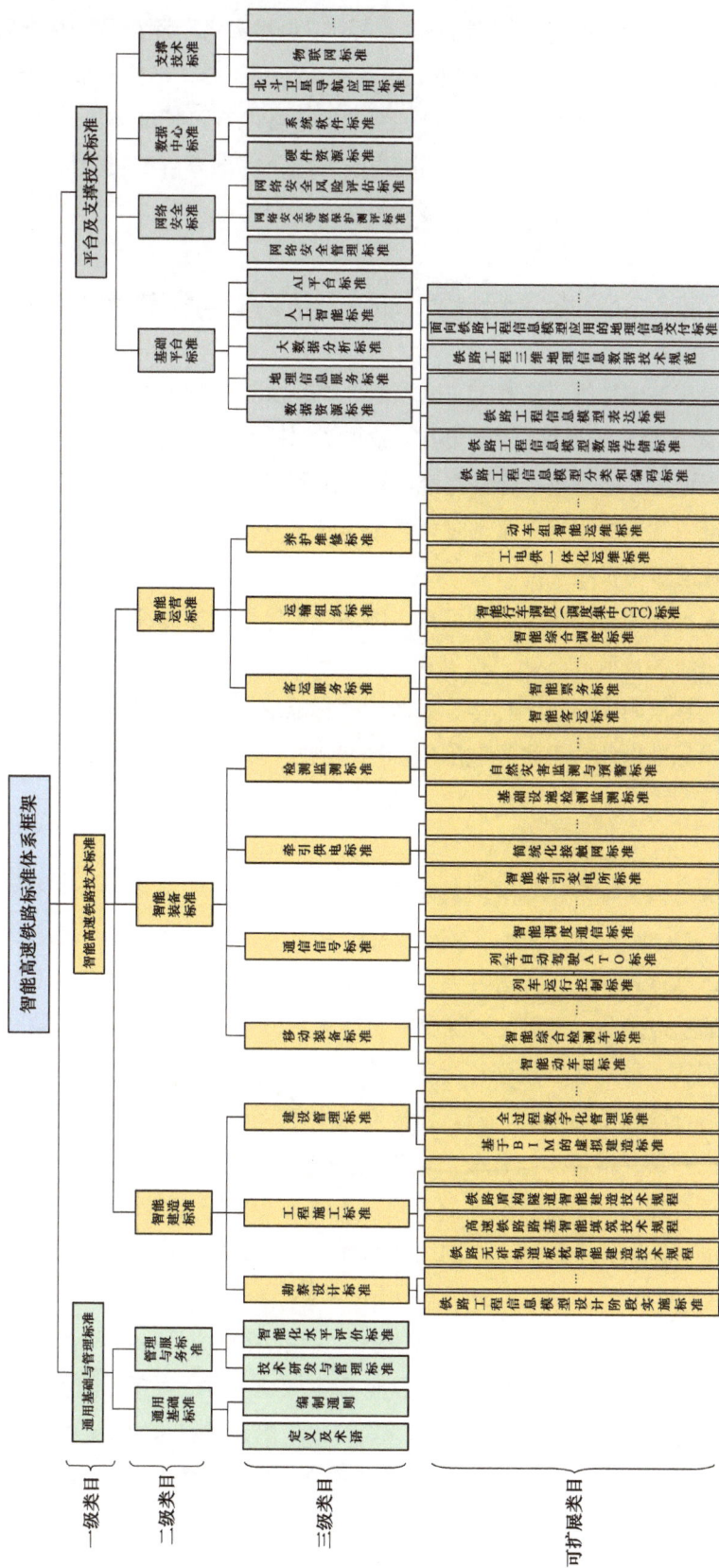

图 1-5　智能高速铁路标准体系框架

**智能高速铁路标准体系框架**

- 通用基础与管理标准（一级类目）
  - 通用基础标准（二级类目）
    - 定义及术语标准（三级类目）
    - 编制通则
  - 管理与服务标准
    - 技术研发与管理标准
    - 智能化水平评价标准
- 智能高速铁路技术标准
  - 智能建造标准
    - 勘察设计标准
      - 铁路工程信息模型设计阶段实施标准（可扩展类目）
    - 工程施工标准
      - 铁路无砟轨道板智能建造技术规程
      - 高速铁路路基智能建筑技术规程
      - 铁路隧道智能建造技术规程
    - 建设管理标准
      - 基于 BIM 的虚拟建造标准
      - 全过程数字化管理标准
  - 智能装备标准
    - 移动装备标准
      - 智能动车组标准
      - 智能综合检测车标准
    - 通信信号标准
      - 列车运行控制标准
      - 列车自动驾驶 ATO 标准
      - 智能列车调度通信标准
    - 牵引供电标准
      - 智能牵引变电所标准
      - 智能化接触网标准
    - 检测监测标准
      - 基础设施检测监测标准
      - 自然灾害监测与预警标准
  - 智能运营标准
    - 客运服务标准
      - 智能客运服务标准
      - 智能票务标准
    - 运输组织标准
      - 智能综合调度标准
      - 智能行车调度（调度集中 CTC）标准
    - 养护维修标准
      - 工电供一体化运维标准
      - 动车组智能运维标准
- 平台及支撑技术标准
  - 基础平台标准
    - 数据资源标准
      - 铁路工程信息模型分类和编码标准
      - 铁路工程信息模型数据存储标准
      - 铁路工程信息模型表达标准
      - 铁路工程三维地理信息数据技术规范
      - 面向铁路工程信息模型应用的地理信息交付标准
    - 地理信息服务标准
    - 大数据分析标准
    - 人工智能标准
    - AI 平台标准
  - 网络安全标准
    - 网络安全管理标准
    - 网络安全等级保护测评标准
    - 网络安全风险评估标准
  - 数据中心标准
    - 硬件资源标准
    - 系统软件标准
  - 支撑技术标准
    - 北斗卫星导航应用标准
    - 物联网标准

一级类目　二级类目　三级类目　可扩展类目

类目；检测监测标准包含基础设施检测监测标准、自然灾害监测与预警标准等可扩展类目。

③ 智能运营标准由客运服务标准、运输组织标准、养护维修标准 3 个三级类目组成。其中，客运服务标准包含智能客运标准、智能票务标准等可扩展类目；运输组织标准包含智能综合调度标准、智能行车调度（调度集中 CTC）标准等可扩展类目；养护维修标准包含工电供一体化运维标准、动车组智能运维标准等可扩展类目。

（3）平台及支撑技术标准。

平台及支撑技术标准包含基础平台标准、网络安全标准、数据中心标准、支撑技术标准 4 个二级类目。

基础平台标准由数据资源标准、地理信息服务标准、大数据分析标准、人工智能标准、AI 平台标准等 5 个三级类目组成。其中，数据资源标准包含铁路工程信息模型分类和编码标准、铁路工程信息模型数据存储标准、铁路工程信息模型表达标准等可扩展类目；地理信息服务标准包含铁路工程三维地理信息数据技术规范、面向铁路工程信息模型应用的地理信息交付标准等可扩展类目。

网络安全标准由网络安全管理标准、网络安全等级保护测评标准、网络安全风险评估标准等 3 个三级类目组成。

数据中心标准由硬件资源标准、系统软件标准等 2 个三级类目组成。

支撑技术标准由北斗卫星导航应用标准、物联网标准等三级类目构成。

### 2）智能高速铁路核心标准

贯彻落实《国家标准化发展纲要》关于"研究制定高铁领域关键技术标准"的任务目标，《交通运输标准化"十四五"发展规划》关于"开展智能高铁、自动驾驶、北斗导航系统应用等标准体系研究，部署交通基础设施网、运输服务网、能源网、信息网融合发展标准研究"的重点任务，在智能高速铁路标准体系框架的指导优化下，结合京张高铁、京雄城际技术创新，形成实施性强、覆盖面广、技术成果突出的智能高铁核心标准明细表，为当前和今后一段时期标准制、修订任务提供参考依据，对新建智能高速铁路或既有高铁智能化优化提升具有指导实施意义。本体系核心标准针对工程建设、运输组织、客运服务、安全生产、经营开发、经营管理等业务领域，纳入 2018—2021 年与智能化相关的现行有效的国家标准、铁路行业标准、全国团体标准，以及现行有效的国铁集团标准、标准性技术文件。

2018—2021 年，智能高铁体系架构指导、优化并形成的标准共计 124 项，按标准等级统计，其中，国家标准（GB）3 项、铁道行业标准（TB）4 项、国铁集团标准（Q/CR）58 项、国铁集团标准性技术文件（TJ）44 项、全国团体标准（T/CRBIM）15 项。按标准内容统计。其中，体系架构 1 项、智能建造 20 项、智能装备 65 项、智能运营 20 项、基础平台 18 项。

本书重点介绍智能高速铁路标准的智能运营标准。智能运营核心标准共计 20 项，在全行程智能票务服务、智能车站、智能行车调度、基础设施智能运维、动车组智能运维等方面推进标准工作。智能运营核心标准明细表如表 1-1 所示。

表 1-1　智能运营核心标准明细表

| 序号 | 标准编号 | 标准名称 | 标准类型 |
|---|---|---|---|
| 客运服务标准 | | | |
| 1 | Q/CR 663—2018 | 铁路旅客服务系统综合显示子系统技术条件 | Q/CR |
| 2 | Q/CR 800—2020 | 铁路旅客服务系统客运广播子系统技术条件 | Q/CR |
| 3 | TJ/KH035—2020 | 铁路旅客服务与生产管控平台配置暂行技术条件 | TJ/KH |
| 4 | Q/CR 727—2020 | 动车组无线局域网（Wi-Fi）服务系统车载设备技术条件 | Q/CR |
| 5 | TJ/KH034—2020 | 铁路客运手持作业终端机蓝牙证卡识读器暂行技术条件 | TJ/KH |
| 6 | TJ/KH024—2018 | 铁路自助实名制核验设备暂行技术条件 | TJ/KH |
| 7 | TJ/KH027—2019 | 铁路自助实名制核验设备暂行技术条件（实名制公安联网控制设备部分） | TJ/KH |
| 8 | TJ/KH028—2019 | 铁路电子客票门式自动检票机暂行技术条件 | TJ/KH |
| 9 | TJ/KH029—2019 | 铁路电子客票购票信息单打印纸暂行技术条件 | TJ/KH |
| 10 | TJ/KH030—2019 | 铁路非现金自动售退票一体设备技术条件 | TJ/KH |
| 11 | TJ/KH031—2019 | 铁路电子客票柱式检票机暂行技术条件 | TJ/KH |
| 运输组织标准 | | | |
| 12 | Q/CR 444—2018 | 列车调度指挥系统（TDCS）数据通信规程 | Q/CR |
| 13 | Q/CR 846—2021 | 列车调度指挥系统（TDCS）/调度集中系统（CTC）查询系统技术规范 | Q/CR |
| 14 | Q/CR 847—2021 | 列车调度指挥系统（TDCS）、调度集中系统（CTC）组网方案和硬件配置要求 | Q/CR |
| 15 | TJ/DW208—2019 | 智能调度集中系统暂行技术条件 | TJ/DW |
| 养护维修标准 | | | |
| 16 | Q/CR 757—2020 | 铁路桥梁运营状态监测技术条件 | Q/CR |
| 17 | Q/CR 852—2021 | 铁路通信综合网络管理系统技术条件 | Q/CR |
| 18 | TJ/GW165—2020 | 钢轨断轨监测设备暂行技术条件 | TJ/GW |
| 19 | TJ/QT007—2020 | 融合北斗的铁路上道作业人员辅助防护应用暂行技术条件 | TJ/QT |
| 20 | Q/CR 779.1—2020 | 动车组交互式电子技术手册　第 1 部分：编码 | Q/CR |

**项目小结**

总结归纳本项目的知识技能要点，并尝试绘制本项目知识图谱。

├ 本项目知识技能要点 ┤

_____

_____

_____

_____

_____

_____

_____

_____

├ 本项目知识图谱 ┤

# 项目 2
# 智能高速铁路底层基础技术

## 项目目标

掌握人工智能技术的概念及其目前在铁路领域的应用

掌握云计算技术的概念及其目前在铁路领域的应用

掌握北斗卫星导航技术（系统）的概念及其目前在铁路领域的应用

掌握物联网技术的概念及其目前在铁路领域的应用

掌握 5G 技术的概念及其目前在铁路领域的应用

掌握 BIM 技术的概念及其目前在铁路领域的应用

掌握 GIS 技术的概念及其目前在铁路领域的应用

掌握大数据技术的概念及其目前在铁路领域的应用

掌握知识图谱技术的概念及其目前在铁路领域的应用

掌握区块链技术的概念及其目前在铁路领域的应用

## 任务 2.1　人工智能技术

### 1. 人工智能的概念

人工智能（artificial intelligence，AI）亦称智械、机器智能，指由人制造出来的机器所表现出来的智能。通常人工智能是指通过普通计算机程序来呈现人类智能的技术。人工智能技术主要是运用计算机手段模拟、仿真人的思维模式、反射等相关智能系统，未来生产的智能系统将承载着人类的智慧，人工智能架构如图 2-1 所示。

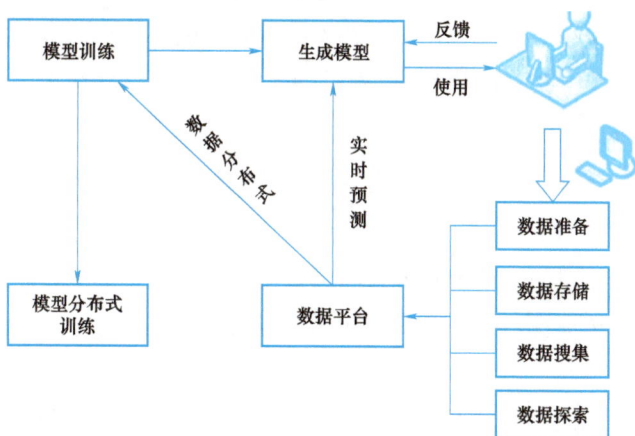

图 2-1　人工智能架构

### 2. 人工智能技术与智能高速铁路

人工智能领域的研究包括机器人、语言识别、图像识别、自然语言处理和专家系统等。人工神经网络、决策支持系统、专家系统、机器深化学习等技术都可应用于智能高速铁路。

事实上，人工智能与铁路已经密不可分，AI 在智能铁路的"新"基建中扮演着非常重要的角色，面对铁路客运、货运、机务、工务等铁路运营场景提供跨代的服务能力，成为数字化铁路的典型特征。AI 智能时代大幕开启，将带动算力、存力、运力爆发式增长。相关企业打造以多维感知、泛在联接、开放平台为核心的数智底座，持续推动建设 5G-R 时代领先的数字基础设施，构建千亿物联、万兆体验的网络能力。中国铁路携手华为等高新技术企业依托 AI 能力，一同打造更多的智能化解决方案，助力铁路行业进行全面智能化升级。

目前，华为智能铁路 TFDS（货车故障图像智能识别）解决方案，其采用盘古铁路大模型作为预训练模型基础，将人工智能技术与行业场景深度结合，有效识别 67 种车型的 430 多种故障，关键故障无漏报，智能筛除 95% 以上无故障图像，大幅提升作业效率。AI 应用也出现在铁路周界的防护系统中，随着融合感知技术、视觉智能算法、人工智能技术的不断发展，周界安全防护正在从以人防与物防为主转向人防、物防、技术三位一体。华为周界防护解决方案基于振动光纤感知、毫米波雷达、智能算法等构建铁路周界防护能力。不仅解决了传统铁路人防、物防和技防难，满足铁路周界安全防护全区域、零漏报，极低误报的要求，使然铁路沿线安全防护，省却了大量人力、物力。

在高铁运维检修方面，基于人工智能的数字化动车段解决方案，基于零/低代码开发平台 AppCube、数字化作业平台 ISDP 构建的动车检修数字化作业系统，贯穿协同检修全流程，减少 90% 纸质作业；计划 AI 智能分钟级生成，提升排产效率 70%；应用灵活定制，列车上线时间从 2 月降到 2 周。通过华为大数据平台构建动车检修数据分析系统，优化采购及仓储，提升物料周转率 15%；挖掘不合格检测对象的分布规律，故障根因定位从天级下降到分钟级，提升关键部件检修效率 15%。5G+云+AI 的数字技术，驱动智能铁路时代加速到来。

在列车调度系统方面，随着交通网络的不断扩大和客流量的增长，传统的列车调度方法已经无法满足需求。而人工智能技术的引入，使得列车调度系统能够自主学习和决策，提高了运行的安全性和效率。通过对大量历史数据和实时数据的分析，人工智能可以预测列车运行过程中的各种情况，并调整列车的运行策略，降低晚点率，并提高列车运行的稳定性。

在列车运行安全监控方面，人工智能技术可以通过大数据分析和机器学习的算法，对高速列车的各项指标进行实时监测，及时发现并预测潜在的故障。这种预测性维护模式可以大大减少列车的故障停机时间，提高列车的可靠性和稳定性，进而提高高速铁路的运营效率。

在安全检测和分析方面，通过人工智能技术对各项安全参数进行实时监测和分析，可以及时评估运营风险，并采取相应的措施进行调整和改进。同时，通过对历史数据和行车记录的分析，可以为制定高速铁路安全规范提供科学依据，优化安全管理体系，提高整体的安全水平。

在客运服务方面，人工智能技术也带来了更多的便利体验。当前，铁路部门积极推行电子客票进程，实现了从购票到乘车全程电子化；在更多车站出现的自助服务终端，让旅客能更加便捷地进行购票、取票、退票等操作；隐身的"智能列车员"系统可利用 AI 技术实现对列车状态的实时监测和智能预警，整体提升列车安全性及服务水平……

## 任务 2.2 云计算技术

### 1. 云计算技术的概念

云计算（cloud computing）是分布式计算的一种，指的是通过"云"将巨大的数据计算处理程序分解成无数个小程序，通过多台服务器组成的系统进行处理和分析，并将结果返回给用户。

"云"实质上就是一个网络。从狭义上讲，云计算就是一种提供资源的网络，使用者可以随时获取"云"上的资源，按需求量使用，并且资源可以看成无限扩展的，只要按使用量付费就可以。"云"就像自来水厂一样，可以随时提供水，并且不限量，用户按照需求用水，按用水量付费。

从广义上说，云计算是与信息技术、软件、互联网相关的一种服务，这种计算资源共享池叫作"云"。云计算把许多计算资源集合起来，通过软件实现自动化管理，只需要很少的人参与，就能快速提供资源。也就是说，计算能力作为一种商品，可以在互联网上流通，就像水、电、煤气一样，可以方便地被取用，且价格较为低廉。

云计算不是一种全新的网络技术，而是一种全新的网络应用概念。云计算的核心概念就是以互联网为中心，在网站上提供快速且安全的云计算服务与数据存储，让每一个使用互联网的人都可以使用网络上庞大的计算资源与数据中心。云计算是继计算机、互联网后信息时代的一种革新，是信息时代的一个大飞跃。

### 2. 云计算的特征

#### 1）广泛的网络访问

消费者可以随时随地使用任何终端设备接入网络并使用云端的计算资源。消费者不需要或很少需要云服务提供商的协助，就可以单方面按需获取云端的计算资源。常见的云终端设备包括手机、平板式计算机、笔记本式计算机和台式计算机等。

#### 2）快速弹性

云计算模式具有极大的灵活性，足以适应开发和部署各个阶段的各种类型和规模的应用程序。云计算可以根据访问用户的多少，增减相应的资源（包括CPU、存储、带宽等），使资源的规模可以动态伸缩，满足应用和用户规模变化的需要。在资源消耗达到临界点时可自由添加资源，资源的增加和减少完全透明。

### 3）高可靠性

"云"通过使用数据多副本容错、计算节点可互换等方法来保障服务的高可靠性。松散耦合的服务，相互之间独立运转，使一个服务的崩溃一般不会影响另一个服务的继续运转。

### 4）资源抽象

终端用户不知道云端上的应用运行的具体物理资源位置，同时云计算支持用户在任意位置使用各种终端获取应用服务。所请求的资源来自"云"，而不是固定的有形的实体。应用在"云"中某处运行，但实际上用户无须了解，也不用关心应用运行的具体位置。

### 5）计费服务

消费者使用云端计算资源是要付费的，如可以根据某类资源的使用量和时间长短计费，也可以按照使用次数来计费。但不管如何计费，对消费者来说，价格要清楚，计量方法要明确，而云服务提供商需要监视和控制资源的使用情况，并及时输出各种资源的使用报表，做到供需双方费用结算清楚明白。

## 3. 云计算技术与智能高速铁路

利用云计算技术赋予用户前所未有的计算能力和高可靠性、高通用性、高可扩展性能，可以在智能高速铁路建造、运营过程中监测数据造假行为，提供质量监管体系，云计算还提供了高效率、智能化、信息化的管理平台，满足铁路系统的各种需要。

云计算对于铁路行业具有很大的作用和价值。目前，铁路行业由于其本身复杂的特点，对整个系统运行过程进行精细的控制十分困难，云计算在在铁路系统中具有广阔的应用前景。基于云计算技术，可大幅提升对复杂的铁路系统的数据处理能力，加快现场管理的速度并扩大管理的范围，提升管理的整体效率。

应用于智能化的云计算具有以下技术特点。

（1）服务虚拟化：基于云平台的各子系统软件平台和运行于各独立服务器的软件完全相同。

（2）资源弹性伸缩：系统可根据各子系统对存储及计算力的需要实时灵活配置资源，确保系统的负荷效率较高。

（3）集成便利：通过软件接口将各子系统集成到统一平台，轻松实现数据和信息的共享。

（4）快速部署：借助云平台，可构建高效、快捷、灵活、稳定的新一代铁路管理平台，该平台可根据需求对各子系统进行快速调整，进行增加或减少。

（5）桌面虚拟化：只需提供给客户一个终端，客户可按需定制所需的云桌面，所有数据资料存放在云端，方便统一管理，并且可随时随地登录自己的桌面。

（6）业务统一部署：现有的应用平台可迁移至云平台统一管理，系统调整和升级可统一进行，可靠性高。

## 任务 2.3　北斗卫星导航技术（系统）

### 1. 北斗卫星导航技术（系统）概述

北斗卫星导航技术系统（以下简称北斗系统）是中国着眼于国家安全和经济社会发展需要，自主建设、独立运行的卫星导航系统。经过多年发展，北斗系统已成为面向全球用户提供全天候、全天时、高精度定位、导航与授时服务的重要新型基础设施。

### 2. 北斗卫星导航技术（系统）发展历程

1994 年，中国开始研制发展独立自主的卫星导航系统，至 2000 年底建成北斗一号系统，采用有源定位体制服务中国，成为世界上第三个拥有卫星导航系统的国家。2012 年，建成北斗二号系统，面向亚太地区提供无源定位服务。2020 年，北斗三号系统正式建成开通，面向全球提供卫星导航服务，标志着北斗系统"三步走"发展战略圆满完成。

向全球时代加速迈进。2012 年 12 月，北斗二号系统建成并提供服务，这是北斗系统发展的新起点。2015 年 3 月，首颗北斗三号系统试验卫星发射。2017 年 11 月，完成北斗三号系统首批 2 颗中圆地球轨道卫星在轨部署，北斗系统全球组网按下快进键。2018 年 12 月，完成 19 颗卫星基本星座部署。2020 年 6 月，由 24 颗中圆地球轨道卫星、3 颗地球静止轨道卫星和 3 颗倾斜地球同步轨道卫星组成的完整星座完成部署。2020 年 7 月，北斗三号系统正式开通全球服务，"中国的北斗"真正成为"世界的北斗"。预计到 2035 年，中国将建成以北斗为核心的综合定位、导航、授时体系。

### 3. 北斗卫星导航技术（系统）的价值

（1）开放兼容。免费提供公开的卫星导航服务，持续提升全球公共服务能力。积极开展国际合作与交流，倡导和加强多系统兼容共用。

（2）创新超越。坚持创新驱动发展战略，实现创新引领，提升自主发展能力。持续推动系统升级换代，融合新一代通信、低轨增强等新兴技术，推动与非卫星导航技术融合发展。

（3）优质服务。确保系统连续稳定运行，发挥特色服务优势，为全球用户提供优质的卫星导航服务。完善标准、政策法规、知识产权、宣传推广等体系环境建设，优化北斗产业生态。

（4）共享共赢。深化北斗系统应用推广，推进北斗产业高质量发展，融入千行百业，赋能生产生活。与世界共享中国卫星导航系统建设发展成果，实现互利互赢。

### 4. 北斗卫星导航技术（系统）的基本组成

北斗系统由空间段、地面段和用户段 3 个部分组成。

（1）空间段。北斗系统空间段由若干地球静止轨道卫星、倾斜地球同步轨道卫星和中圆地球轨道卫星等组成。

（2）地面段。北斗系统地面段包括主控站、时间同步/注入站和监测站等若干地面站，以及星间链路运行管理设施。

（3）用户段。北斗系统用户段包括北斗兼容其他卫星导航系统的芯片、模块、天线等基础产品，以及终端产品、应用系统与应用服务等。

### 5. 北斗卫星导航技术（系统）的技术特点

中国北斗的建设发展，始终锚定世界一流目标，坚持创新引领、追求卓越，不断实现自我超越。中国的北斗，技术先进、设计领先、功能强大，是世界一流的全球卫星导航系统。

#### 1）核心技术自主研发

中国从自身实际出发，因应世界卫星导航发展趋势，从星座构型、技术体制、服务功能等方面创新系统设计，攻克混合星座、星间链路、信号体制设计等多项核心关键技术，在全球范围实现一流能力。

创新星座构型。首创中高轨混合异构星座，高轨卫星单星覆盖区域大、抗遮挡能力强，中轨卫星星座全球运行、全球覆盖，是实现全球服务的核心，各轨道卫星优势互补，既能实现全球覆盖，又能加强区域能力。

构建星间链路。首次通过星间链路实现卫星与卫星之间、卫星与地面之间一体化组网运行，实现星间高精度测量和数据传输，基于国内布站条件提供全球运行服务。

优化信号体制。突破调制方式、多路复用、信道编码等关键技术，率先实现全星座三频服务，实现导航定位功能与通信数传功能、基本导航信息与差分增强信息的融合设计，信号测距精度、抗干扰和抗多径等性能达到世界一流水平，实现与其他卫星导航系统的兼容共用并支持多样化特色服务。

### 2）系统组成创新引领

北斗系统由空间段、地面段和用户段组成。其中，空间段由中圆地球轨道、地球静止轨道、倾斜地球同步轨道等 3 种轨道共 30 颗卫星组成；地面段由运控系统、测控系统、星间链路运行管理系统，以及国际搜救、短报文通信、星基增强和地基增强等多种服务平台组成；用户段由兼容其他卫星导航系统的各类终端及应用系统组成。

北斗系统星间星地一体组网，是中国首个实现全球组网运行的航天系统，显著提升了中国航天科研生产能力，有力推动中国宇航技术跨越式发展。

组批生产能力卓越。创新星地产品研制和星箭制造，研制运载火箭上面级、导航卫星专用平台，实现星箭批量生产、密集发射、快速组网，以两年半时间 18 箭 30 星的中国速度完成全球星座部署，创造世界导航卫星组网新纪录。

关键器件自主可控。实现宇航级存储器、星载处理器、大功率微波开关、行波管放大器、固态放大器等器部件国产化研制，北斗系统核心器部件 100% 自主可控，为北斗系统广泛应用奠定了坚实基础。

### 3）系统服务优质多样

北斗系统服务性能优异、功能强大，可提供多种服务，满足用户多样化需求。其中，向全球用户提供定位导航授时、国际搜救、全球短报文通信等 3 种全球服务；向亚太地区提供区域短报文通信、星基增强、精密单点定位、地基增强等四种区域服务。

定位导航授时服务。通过 30 颗卫星，免费向全球用户提供服务，全球范围水平定位精度优于 9 m、垂直定位精度优于 10 m，测速精度优于 0.2 m/s、授时精度优于 20 ns。

国际搜救服务。通过 6 颗中圆地球轨道卫星，旨在向全球用户提供符合国际标准的遇险报警公益服务。创新设计返向链路，为求救者提供遇险搜救请求确认服务。

全球短报文通信服务。北斗系统是世界上首个具备全球短报文通信服务能力的卫星导航系统，通过 14 颗中圆地球轨道卫星，为特定用户提供全球随遇接入服务，最大单次报文长度 560 BT（40 个汉字）。

区域短报文通信服务。北斗系统是世界上首个面向授权用户提供区域短报文通信服务的卫星导航系统，通过 3 颗地球静止轨道卫星，为中国及周边地区用户提供数据传输服务，最大单次报文长度 14 000 BT（1 000 个汉字），具备文字、图片、语音等传输能力。

星基增强服务。创新集成设计星基增强服务，通过 3 颗地球静止轨道卫星，旨在向中国及周边地区用户提供符合国际标准的 I 类精密进近服务，支持单频及双频多星座两种增强服务模式，可为交通运输领域提供安全保障。

精密单点定位服务。创新集成设计精密单点定位服务，通过 3 颗地球静止轨道卫星，免费向中国及周边地区用户提供定位精度水平优于 30 cm、高程优于 60 cm，收敛时间优于 30 min 的高精度定位增强服务。

地基增强服务。建成地面站全国一张网，向行业和大众用户提供实时米级、分米级、厘米级和事后毫米级高精度定位增强服务。

北斗卫星导航技术提供服务以来，已在交通运输、农林渔业、水文监测、气象测报、通信授时、电力调度、救灾减灾、公共安全等领域得到广泛应用，服务国家重要基础设施，产生了显著的经济效益和社会效益。基于北斗的导航服务已被电子商务、移动智能终端制造、位置服务等厂商采用，广泛进入中国大众消费、共享经济和民生领域，应用的新模式、新业态、新经济不断涌现，深刻改变着人们的生产生活方式。中国将持续推进北斗应用与产业化发展，服务国家现代化建设和百姓日常生活，为全球科技、经济和社会发展做出贡献。

铁路交通运输是国民经济、社会发展和人民生活的命脉，北斗系统是助力实现铁路交通运输信息化和现代化的重要手段，对建立畅通、高效、安全、绿色的现代铁路交通运输体系具有十分重要的意义，主要应用领域包括车辆自主导航、车辆跟踪监控、车辆智能信息系统、车联网应用、铁路运营监控等。随着铁路交通运输的发展，高精度应用需求加速释放。

北斗卫星导航技术秉承"中国的北斗、世界的北斗、一流的北斗"发展理念，愿与世界各国共享北斗系统建设发展成果，促进全球卫星导航事业蓬勃发展，为服务全球、造福人类贡献中国智慧和力量。北斗系统为经济社会发展提供重要时空信息保障，是中国实施改革开放 40 余年来取得的重要成就之一，是新中国成立 70 年来重大科技成就之一，是中国贡献给世界的全球公共服务产品。中国将一如既往地积极推动国际交流与合作，实现与世界其他卫星导航系统的兼容与互操作，为全球用户提供更高性能、更加可靠和更加丰富的服务。

## 任务 2.4　物联网技术

物联网（internet of things）是指通过各种信息传感器、射频识别技术、全球定位系统、红外感应器、激光扫描器等装置与技术，实时采集任何需要监控、连接、互动的物体或过程的信息，采集其声、光、热、电、力学、化学、生物、位置等各种需要的信息，通过各类网络接入来实现物与物、物与人的泛在连接；并按约定的协议，进行信息交换和通信，实现对物品和过程的智能化感知、识别和管理。物联网是一个基于互联网、传统电信网的信息承载体，它让所有能够被独立寻址的普通物理对象形成互联互通的网络。

### 1. 物联网的特征

互联网创造了虚拟世界，而物联网开辟了一个由虚拟转向现实的新领域。互联网在虚拟世界中实现了人与人的联系，而物联网在现实世界中实现物与物的联系，两者虚实相生相伴。从现阶段来看，物联网是基于互联网之上的一种高级网络形态，物联网和互联网之间的共同点在于它们的部分技术基础是相同的。尤其在物联网发展的初级阶段，物联网的部分网络基础设施还是要依靠已有的互联网，对互联网有一定的依附性。

物联网和互联网的不同点是互联网是一个网络系统，而物联网是一个建立在互联网基础设施之上的庞大的应用系统。用于承载物联网和互联网的分组数据网无论是网络组织形态，还是网络的功能和性能，对网络的要求都是不同的。互联网对网络性能的要求是"尽力而为"的传送能力和基于优先级的资源管理能力，对智能、安全、可信、可控、可管、资源保证性等都没有过高的要求，而物联网对这些要求则高得多。

从通信对象和过程来看，物与物、人与物之间的信息交互是物联网的核心。物联网的基本特征可概括为整体感知、可靠传输和智能处理。整体感知可以利用射频识别、智能传感器等感知设备感知获取物体的各类信息。可靠传输可通过对互联网、无线网络的融合，将物体的信息实时、准确地传送，以便信息交流、分享。智能处理可使用各种智能技术，对感知和接收的数据、信息进行分析处理，实现监测与控制的智能化。

### 2. 物联网与智能高速铁路

物联网技术在智能高速铁路中起着感知系统、生产并传递数据的关键作用。应用物联网技术可实现人、机、料等系统元素的精确定位，从而提高系统运行质量；通过生产管理系统化和安防监控与自动报警保证系统安全；通过降低材料成本和提高工作效率降低系统运行成本，具有可观的经济效益。物联网技术的优势在于感知和互联，在物联网技术支持下，智能高速铁路生命周期各阶段的信息，以及子系统之间将实现互联，可以及时、准确地掌握和了解系统中人员、设备、结构、资产等关键信息，理顺信息处理、聚类、分析和响应过程，提供辅助决策方案，物联网的后台支撑技术还可以实现智能高速铁路系统流程整合、虚拟化应用与调节控制、业务流程优化等工作。基于物联网技术的铁路工程机械定位与运行如图 2-2 所示。

物联网在智能高速铁路中的应用如下。

（1）物联网是一个高度互联的信息网络，能够提供智能高速铁路系统中各个对象的个体信息（包括人员、设备、结构、资产等）。

图 2-2　基于物联网技术的铁路工程机械定位与运行

（2）物联网是一个精确的管理平台，通过点对点式的信息获取，能够实现对智能高速铁路系统内的个体进行全周期、全要素、迅速反馈的管理，提高资源利用率和生产力水平，改善人与物的关系。

物联网在智能高速铁路智能服务中的技术体系包括智慧服务终端（smart service terminal，SST）、智慧服务网络（smart service network，SSN）、虚拟信息平台（virtual information platform，VIP）和软件定义服务（software defined service，SDS）4 个部分。

## 任务 2.5　5G 技术

5G（fifth generation of mobile communication technology）技术，即第五代移动通信技术。5G 技术具有高上行速率、低时延、高可靠、海量连接、高能效、高安全等工业特性，成为面向各行业应用的工业级移动通信技术。

### 1. 5G 技术的特征

相对于 4G 技术来说，5G 技术在提升峰值速率（增强移动宽带）、时延（低时延高可靠通信）、移动性、频谱效率 4 项传统指标的基础上，新增加了用户体验速率、连接数密度（海量机器通信）、容量密度和能源效率 4 项关键能力指标。因此，5G 的速率、时延、连接等网络能力，相对于 4G 有跨越式的提升。因为 5G 技术具有高传输速率、低延迟的特点，通过融合 BIM 和云计算、大数据、物联网、移动互联网、人工智能等信息技术，集成人员、流程、数据、技术和业务系统，实现全过程的监控与管理。

5G 技术可以促进跨平台、跨产业的互通互联，不管是 PC 平台、移动平台之间，还是移动设备、建筑体硬件设施和人之间的联系都可以紧密融合，顺应互联网互通互联的精神。在产业融合和演进的过程中，各行业原有的运作机制和资源配置方式都会发生改变，能产生更多的新的市场空间和发展机遇。5G 技术具有以下特点。

（1）5G 技术具有数据传输速率高、延迟低、节能和支持大规模组网的特点。

（2）5G 技术更方便、更广泛地推动人工智能功能的实现，对各行业系统全生命周期及运行过程提供动态、智能的辅助管理办法。

### 2. 5G 技术与智能高速铁路

由于铁路工作场地地域分散、从业人员移动工作、工作现场环境复杂，制约着互联网的应用实施。随着移动互联网的发展，如 5G 网络的普及，平板式计算机、智能手机等终端设备的技术成熟与普及，利用移动互联网代替传统互联网进行日常工作和生产作业成为可能。铁路企业信息化系统通过移动平台建设，将信息化管理系统延展到移动终端上，将传统的"办公室信息化"扩展到任意地点，解决了铁路行业对信息实时传递的业务需求。决策层可以随时随地审批，大大提高了铁路企业的运作效率和运作质量。铁路基层单位移动互联网应用主要包括以下几个方面。

（1）在用户管理中的应用。充分利用移动互联网的实时性和便携性等特性，将移动互联网应用于用户管理、作业管理中，或者与现有的用户 ERP、项目管理系统进行集成应用。例如，用户办公系统有逐渐向移动端转移的趋势，流程审批、公文流转、通知公告、日程提醒等均通过智能手机完成，极大地提高了办公效率。项目管理系统与移动应用集成，现场人员通过移动设备分发任务，加快了信息传递的效率；管理层通过移动终端可直接审批流程，随时查看作业进度、成本、质量等业务数据，辅助决策。

（2）在业务工作中的应用。现场人员流动作业、现场环境复杂，工作人员多是在现场作业，移动通信成为刚需。通过移动互联网应用可提高信息共享和传递的效率，以辅助现场工作。例如，现场通过移动终端实现电子化的作业方案和决策支持模型的共享，方便作业交底、生产指导、质量检查等工作。

（3）与新技术的集成应用。如 5G 技术与物联网技术集成应用，通过 RFID、电子标签、测量器、传感器、摄像头等终端设备，实现实时数据采集和有效管理，并结合移动设备，将这些实时数据及时分发出去，提高作业现场的管理能力，加强人与系统的交互。

在国铁集团的《"十四五"铁路网络安全和信息化规划》中，规划以推动铁路业务与数字化深度融合为主线，大力推进铁路网信治理体系和治理能力现代化，服务铁路高质量发展。数据、信息、智能控制、科学决策、优化秩序，使然铁路网络数字化的进程正不断加快。

打通高速数据链路，则是数字化的前提。2023 年，工业和信息化部批复中国国家铁路集团有限公司基于 5G 技术的铁路新一代移动通信系统（5G-R）试验频率，支持其开展 5G-R 系统外场技术试验的消息，引起了产学研用各方的高度关注。可以说，5G-R 试验频率的批复不仅是真正的急行业之所急、解行业之所需，同时也是引领铁路行业实现数字化转型、高质量发展的有力抓手，是"着力铁路数字经济与实体经济深度融合"的有力体现。

铁路无线通信技术在业内扮演着极其重要的角色，当前基于 GSM-R 技术，难以满足日益智能化的业务发展需求。未来智能铁路通信将沿着智能化方向，以可视、可管、可控、可测、可靠、可信为具体目标，中国铁路联合华为等高科技公司在内的 20 多个合作伙伴开展科技联合攻关，随着创新业务不断增多，大量数据的出现，对网络、数据中心、云等的建设也提出挑战，打造以"5G+云+人工智能"为核心的数智底座，才能更好地服务于铁路数字化和智能化。

## 任务 2.6　BIM 技术

BIM（building information model）即建筑信息模型，被视为一种突破性创新技术，在国内外建筑业都得到了广泛关注、推广和应用。我国在 2011 年将 BIM 纳入第十二个五年计划；中国建筑科学研究院联合有关单位发起成立 BIM 发展联盟，积极发展、建置我国 BIM 技术与标准、软件开发创新平台。《建筑信息模型设计交付标准》（GB/T 51301—2018）面向 BIM 信息的交付准备、交付过程、交付成果做出规定，提出了建筑信息模型设计过程涉及的四级模型单元。BIM 是指在建设工程及设施全生命周期内，对其物理和功能特性进行数字化表达，并依此进行设计、施工及运营的过程和结果的总称。BIM 通过在建筑全生命周期内进行的信息共享，实现了对建筑详细的物理和功能特点的数字化呈现，同时作为信息可视化的载体，为智能建造过程与管理平台搭建桥梁，对智能建造起到了支撑作用。

BIM 的特点使其具有广泛的应用场景。

### 1. 可视化

可视化就是"所见即所得"，模型三维立体可视，项目设计、建造、运维等整个过程可视。传统 CAD 使用二维方式表达设计意图，使用平、立、剖等三视图的方式表达工作成果，容易出现信息表达不充分、不完整和信息割裂的问题，在最终决策上需要专业人员凭借空间想象力和专业经验，合成三维实体，在项目复杂、造型复杂的情况下，三维实体想象难度大，且容易出错。BIM 提供的可视化不仅能将以往线条式的构件形成三维实体图形展示（BIM 三维模型与实景对比见图 2-3），而且是基于构件颗粒级的互动性和反馈性的可视化，不仅可以用于展示效果图及生成报表，而且可以在全生命周期内模拟建造过程，项目设计、建造、运营过程中的沟通、讨论、决策都可以在可视化的状态下进行，以不断优化建造行为，提高建造品质。

(a) 三维模型                    (b) 实景照片

图 2-3    BIM 三维模型与实景对比

BIM 可视化有以下 3 个方面的作用。

（1）碰撞检查，减少返工。BIM 最直观的特点是三维可视化，利用 BIM 的三维技术在前期进行碰撞检查，优化工程设计，减少在建筑施工阶段可能存在的错误损失和返工的可能性，优化净空和管线排布方案。施工人员可以利用碰撞优化后的三维管线方案，进行施工交底；对复杂构造节点可视化，科学排布钢筋，提高施工质量，提升与业主的沟通效果。

（2）虚拟施工，有效协同。三维可视化功能加上时间维度，可以进行虚拟施工，实现施工组织的可视化。业主、设计方、施工方、监理方在可视化的环境下，模拟施工方案，随时将施工计划与实际进度进行对比，不断优化施工方案，调整进度安排，有效协同管理，极大地减少了建筑质量问题和安全问题，减少了返工和整改。

（3）三维渲染，宣传展示。三维渲染动画，给人以真实感和直接的视觉冲击，BIM 三维渲染图如图 2-4 所示。建好的 BIM 模型可二次渲染，制作动漫游戏，进行 VR 展示，提高了三维渲染效果的精度与效率，给业主更为直观的视觉感受，提高了中标率。

图 2-4  BIM 三维渲染图

## 2. 协调性

在建设工程全生命周期内，建设工程各参与方基于 BIM 互相操作，通过统一的建筑信息模型，将建设工程不同专业、不同工种、不同阶段的工程信息有机地结合在一起，并协调数据之间的冲突，生成协调数据或协调数据库，实现信息建立、修改、传递和共享的一致性，通过 BIM 的协同性，极大地提高了工作效率，减少了工作的错误，提升了项目的品质。

（1）设计阶段协调。设计是多专业合成的技术成果，不同专业的技术人员根据本专业需求从事各自的设计活动，基于传统 CAD 平台设计，CAD 文件通常仅是图形描述，无法加载附件信息，导致专业间数据不具关联性，专业综合图纸叠放，可能出现专业之间的碰撞冲突。利用 BIM 三维模型，可快速在统一模型下建立、添附、变更不同专业内容，不同专业在统一模型平台上协同工作。通过 BIM 三维可视化控件或专门软件，对建筑内部的构件、设备、机电管线、上下水管线、采暖管线，进行各专业间的碰撞检查。通过 BIM 三维可视化进行综合协调，如楼层净高、构件尺寸、洞口预留的调整，电梯井、防火分区、设备布置和其他设计布置的协调等。因此，BIM 有效地解决了传统设计可能遇到的设计缺陷，提高了设计质量，提升了设计品质，铁路车站的 BIM 设计如图 2-5 所示。

（2）施工阶段协调。在施工阶段，施工人员可以通过 BIM 的协调性清楚地了解本专业的施工重点及相关的施工注意事项。通过统一的 BIM 模型了解自身在施工中对其他专业是否造成影响，提高施工质量。另外，通过协同平台进行的施工模拟及演示，可以将施工人员统一协调起来，对项目施工作业的工序、工法等做出统一安排，制订流水线式的工作方法，提高施工质量，缩短施工工期。

（3）运维阶段协调。在传统建筑设施维护管理系统中，大多还是以文字的形式列表展现各类信息，但是文字报表有其局限性，尤其是无法展现设备之间的空间关系。当 BIM 导

图 2–5　铁路车站的 BIM 设计

入运维阶段后，模型中基于 BIM 各个设施的空间关系及建筑物内设备的尺寸、型号、口径等具体数据，可实施"可计算的运维管理"，主要表现在：① 进行空间规划、装饰装修、设施调整的功能布局管理；② 根据管线、照明、消防和设备的空间定位和空间走向，快速查找损坏的设备及出现问题的管道，及时维修、维护，保证系统的正常运转；③ 进行节能减排、资产管控等综合管理。

### 3. 模拟性

模拟是利用模型复现建设工程全生命周期可能发生的各种工况，利用 BIM 模型来模拟建设工程系统的运行，本质是数字实验，包括设计阶段模拟、施工阶段模拟、运维阶段模拟等。

（1）设计阶段模拟。BIM 中包含了大量几何信息、材料性能信息、构件属性信息等，根据建筑物理功能需求建立数学模型，基于数学模型的仿真分析软件可完成建筑能耗分析、日照分析、声场分析、绿色分析、力学分析等建筑性能、功能的模拟。

（2）施工阶段模拟。在施工过程模型中融入功能仿真技术、数字模拟施工方案、工期安排计划、材料需求规划等，并以此快速、低费用地评估并优化施工过程，具体内容如下。

① 投标评估。借助 4D 模型，可以很快了解投标单位对投标项目主要施工的控制方法、施工安排是否均衡，总体计划是否合理等，从而对投标单位的施工经验和实力做出有效评估。

② 施工进度。将 BIM 与施工进度的各种计划任务（WBS）相链接，即把空间信息与时间信息整合在一个可视的 4D 模型中，动态地模拟施工变化过程，可直观、精确地反映

施工过程，实施进度控制，进而可缩短工期、降低成本、提高质量。

③ 施工方案。通过 BIM 对项目重点及难点部分进行可行性模拟，按月、日、时进行施工方案的分析优化，验证复杂建筑体系的可建造性，了解整个施工安装环节的时间节点、安装工序及疑难点，提高施工方案的可行性、优化性和安全性。

④ 虚拟建造。BIM 结合数字化技术，在模型已有的几何信息、空间关系、设计指标、材料设备、工程量等信息基础上，附加成本、进度、质量、安全、工艺工法等建造相关信息。根据建造条件，以建造目标为基准，采用数字模型，基于智能算法和大数据，通过虚拟建造优化、改进建造方案，形成场地布置方案、施工组织方案、专项技术方案、安全生产方案、预制构件生产方案等，使得施工方案的可行性、科学性、经济性得到极大的优化和提高。

（3）运维阶段模拟。利用 BIM 提供的几何、物理、功能、过程、设备信息，构造运维环境，模拟运维场景。线路运营中的信号灯和道岔模拟如图 2-6 所示。

图 2-6　线路运营中的信号灯和道岔模拟

运维阶段模拟的主要内容如下。

① 互动场景模拟。BIM 建好之后，将项目中的空间信息、场景信息等纳入模型中，再通过 VR/AR 等新技术的配合，让业主、客户或租户通过 BIM 从不同的位置进入模型中相应的空间，进行虚拟实体感受。

② 使用体验模拟。基于 BIM 的模型，让用户在项目竣工之前通过 BIM 了解项目的各项指标，如空间大小、朝向、光照、样式、用电负荷等，并可根据用户的实际需求，调整优化项目使用方案。

③ 紧急情况处理模拟。通过 BIM 系统，可以帮助第三方运维基于 BIM 的演示功能对

紧急事件进行预演，模拟各种应急演练，制订应急处理预案。同时，还可以培训管理人员如何正确、高效地处理紧急情况，尤其是一些没有办法实际进行的模拟培训，如火灾模拟、人员疏散模拟、停电模拟等。

### 4. 优化性

在项目规划、设计、施工和运维过程中，BIM 提供了几何信息、物理信息、功能信息、设备信息和资源信息等，利用这些信息，可对项目全生命周期的运行进行优化，包括项目方案优化、设计优化、施工方案优化、运维优化，以及重要环节、重要部位的优化。基于BIM 的铁路桥梁优化设计如图 2-7 所示。

图 2-7　基于 BIM 的铁路桥梁优化设计

### 5. 可出图性

BIM 出图是指软件对建筑模型进行可视化展示、协调、模拟、优化以后，导出方案图、初步设计图、施工图的过程。BIM 的可出图性能够解决模型与表达不一致的问题，可以出具的图纸有建筑设计图、经过碰撞检查和设计修改后的施工图、综合管线图、综合结构留洞图、碰撞检测错误报告和建议改进方案等施工图纸、资料。

### 6. 一体化

基于 BIM 技术可进行从设计到施工、再到运维，贯穿工程项目全生命周期的一体化管理。BIM 技术的核心是一个由计算机三维模型所形成的数据库，不仅包含了建筑的设计信息，而且可以容纳从设计到建成使用，甚至是使用周期终结的全过程信息。如在设计阶段采用 BIM 技术，各个设计专业可以协同设计，减少缺漏、碰撞等设计缺陷；在施工阶段，各个管理人员、各个工序工种的协同工作，可以提高管理工作效率。BIM 工程是系统工程，不是一个人、一个专业或一个单位能够完成的，而是需要参与建设的各责任方和各个专业，共同参与、共同协作。

### 7. 参数化

参数化是指通过参数而不是数字建立和分析模型，通过简单地改变模型中的参数值就能建立和分析新的模型；BIM 中的图元是以构件的形式出现的，这些构件之间的关系不是通过参数（参数保存了图元作为数字化建筑构件的所有信息）的调整反映出来的。参数化设计可以极大地提高模型生成和修改的速度，在产品的系列设计、相似设计及专用 CAD 系统开发方面都具有较大的应用价值。参数化设计中的参数化建模方法主要有变量几何法和基于结构生成历程的方法，前者主要用于平面模型的建立，后者则更适合于三维实体或曲面模型的建立。

### 8. 信息完备性

信息完备性体现在 BIM 技术可对工程对象进行三维几何信息、拓扑关系、工程信息、工程逻辑关系的完备描述，如对象名称、结构类型、建筑材料、工程性能等设计信息，施工工序、进度、成本、质量、人力、机械、材料资源等施工信息，工程安全性能、材料耐久性能等维护信息，对象之间的工程逻辑关系等。

## 任务 2.7　GIS 技术

GIS（geographic information system）即地理信息系统，它是一种空间信息系统，是对整个或部分表层空间中有关空间分布的数据信息进行采集、运算、分析和显示等操作的系统，为工程建造提供客观、定性的原始数据。

### 1. GIS 数据的获取

为了获取工程建造一定范围内的地表地理信息（包括地面三维坐标、建筑物尺寸等），目前常用的方法就是采用无人机倾斜摄影技术和其与航拍技术的综合应用。为了确保获取数据的准确性，在进行数据采集前须建立一定数量的控制点。控制点是直接为摄影测量的控制点加密或测图需要而在实地布设并进行测定的控制点，包括仅具有平面坐标的像片平面控制点和仅具高程的像片高程控制点及同时具有平面坐标与高程的像片平、高控制点。像控点测量是指根据像片上内业的布点方案，在实地根据影像的灰度和形状找到并确定像控点的位置，测量并记录该点平面坐标及其高程。像控点之间的距离、布设的航线间隔数和模型间隔数应满足相关工程摄影测量的相关规定。图 2-8 为某铁路沿线地理信息数据获取时控制点及航线布设。

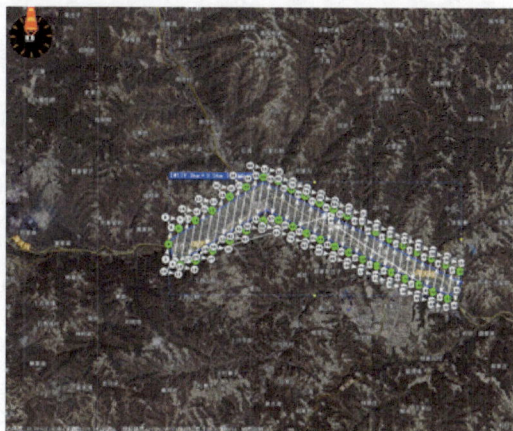

图 2-8　某铁路沿线地理信息数据获取时控制点及航线布设

无人机倾斜摄影测量数据采集过程如图 2-9 所示。在数据采集完成后，将采集的影像数据和控制点信息导入相应的软件，便可以生成目标区域的实景三维模型，经过处理后编辑和加工，便可自动生成实景三维效果。图 2-10 为某铁路沿线一定范围内进行数据初步处理完成后的三维场景演示模型。

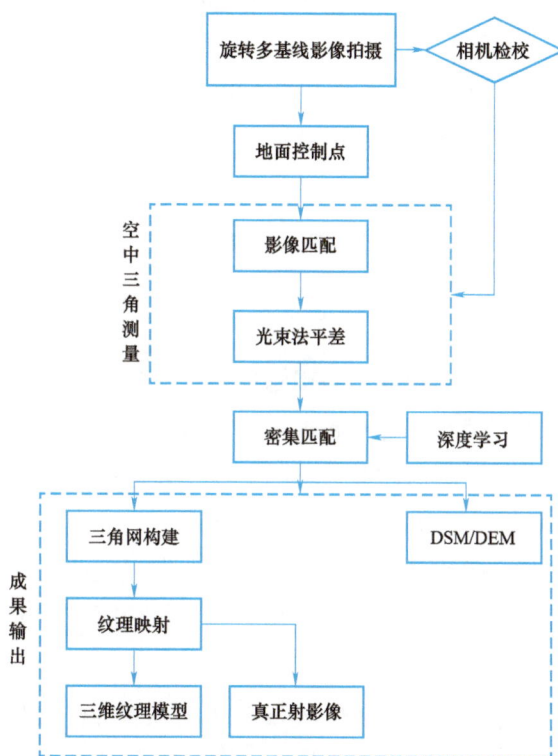

图 2-9　无人机倾斜摄影测量数据采集过程

图 2-10　某铁路沿线一定范围内进行数据初步处理完成后的三维场景演示模型

一般生产的场景模型应满足以下要求。

（1）三维模型是根据倾斜影像匹配确定体块构模而成，地形、建筑物等模型采用一体化表示；建筑物三维体块模型应完整、位置准确、具有现实性，应与获取的航空影像表现一致。

（2）建筑物三维模型应精准反映地表建筑物外轮廓的基本特征。模型一般条件下应没有明显的拉伸变形或纹理漏洞，不存在拉伸变形、侧视。当所在区域建筑物较为密集或建筑物较高存在相互遮挡时，则无法获取遮挡部分建筑物的侧视纹理，相应的模型无法表现其全部的细节，允许出现些许的拉伸变形。

（3）建筑物模型的高度与平面尺寸应与实际保持一致的比例，建筑物模型高度误差不超过规范要求，并且通过三维图像能够清晰地分辨重点地物情况。

### 2. GIS 技术的应用

GIS 技术在区域规划、环境管理、城市管理、辅助决策等方面发挥着巨大的作用。在区域规划方面，GIS 进行信息筛选并转换为可用形式，成为规划人员的强大工具；在环境管理方面，GIS 可进行环境监测和数据收集，建立基础数据库和环境动态数据库，建立环境污染模型等，为环境评价、环境规划管理提供有力支持；在城市管理方面，GIS 帮助管理人员查询设施管线、管网的分布，追踪流量信息和监控运行质量；在辅助决策方面，GIS 利用特有数据库，通过一系列决策模型的构建和比较分析，为国家的宏观决策提供依据。

随着近些年来技术的不断进步，BIM+GIS 技术为建筑业的信息化、智能化发展提供了良好的支撑，将 GIS 与 BIM 进行技术融合，用 BIM 构建精细的三维建筑模型，对建筑物的内部信息进行分析和管理，这些高精度的 BIM 模型是 GIS 的重要数据来源，也为后期运营维护管理提供基本的模型数据及所需的多维信息数据，GIS 与 BIM 的融合如图 2-11 所示，GIS 与 BIM 融合的应用如图 2-12 所示。GIS 可作为智慧工程的神经中枢，能够管理区域空间，分析空间地理信息数据，从而使宏观的 GIS 数据和微观的 BIM 信息息相结合，这样可实现两者之间的优势互补，再加上当前的物联网技术，可为智能建造构建一个很好的基础平台。

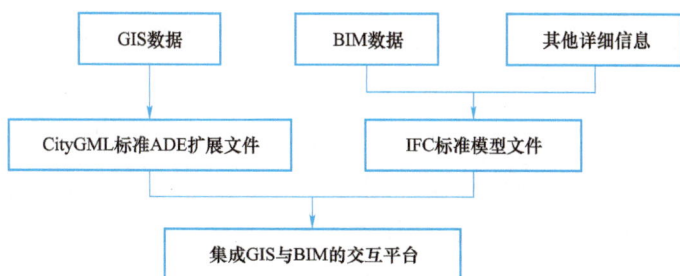

图 2-11　GIS 与 BIM 的融合

图 2-12　GIS 与 BIM 融合的应用

GIS 技术在智能建造中的应用如下。

（1）GIS 侧重于对建筑物地理信息的表达，多用于建筑物的地理位置定位和空间信息分析，能很好地展示建筑物的外部环境，确保信息的完整性，运用 GIS 技术可以呈现清晰的地理信息。

（2）运用 GIS 技术对信息进行管理、分析与处理。GIS 可以提供整个空间的三维可视化分析功能，改善建设空间上的数据表达与性能分析，为建造设计人员提供更加直观、科学的设计方式。

## 任务 2.8 大数据技术

大数据（big data）是指无法在一定时间范围内用常规软件工具进行捕捉、管理和处理的数据集合，是需要新处理模式才能具有更强的决策力、洞察发现力和流程优化能力的海量、高增长率和多样化的信息资产。由于其规模大、数据形式多样、非结构化特征明显，导致使用常规方法进行数据存储、处理和挖掘异常困难。当大数据处理包含数千万个文档、数百万张图片或者工程设计图的数据集时，如何快速访问这些数据将成为核心挑战。通常将大数据的特性归纳为"5V"，即 volume（数据量）、variety（多样性）、value（价值）、velocity（速度）和 veracity（真实性）。

### 2.8.1 大数据的分析方法

#### 1. 预测性分析

大数据分析应用最普遍的方法就是预测性分析，通过从大数据中挖掘有价值的知识和规则，运用科学建模的手段呈现结果，然后将新的数据输入模型，从而预测未来的情况。

#### 2. 可视化分析

不管是专家还是普通用户，二者对于大数据分析最基本的要求就是可视化分析，因为可视化分析能够直观地呈现大数据特点，同时能够非常容易地被用户所接受，通过可视化分析可以直观地展示数据。数据可视化是数据分析工具最基本的要求。

#### 3. 大数据挖掘算法

可视化分析结果是给用户看的，而数据挖掘算法是给计算机看的，通过让机器学习算法，按人的指令工作，从而呈现给用户隐藏在数据之中的有价值的结果。大数据分析的理论核心就是数据挖掘算法，算法不仅要考虑数据的量，也要考虑数据处理的速度。

常用的数据挖掘算法有分类、预测、关联规则、聚类、决策树、描述和可视化、复杂数据类型挖掘等。

### 4. 语义引擎

数据的含义就是语义。语义技术是指从词语所表达的语义层次上来认识和处理用户的检索请求的技术。语义引擎通过对网络中的资源对象进行语义上的标注及对用户的查询表达进行语义处理，使得自然语言具备语义上的逻辑关系，能够在网络环境下进行广泛有效的语义推理，从而更加准确、全面地实现用户的检索。大数据分析广泛应用于网络数据挖掘，可从用户搜索的关键词来分析和判断用户的需求，从而实现更好的用户体验。

### 5. 数据质量和数据管理

数据质量和数据管理是指为了满足信息利用的需要，对信息系统的各个信息采集点进行规范，包括建立模式化的操作规程、原始信息的校验、错误信息的反馈和矫正等一系列过程。大数据分析离不开数据质量和数据管理。高质量的数据和有效的数据管理，无论是在学术研究还是在商业应用领域，都能够保证分析结果的真实和价值。

## 2.8.2　大数据与云计算、人工智能

大数据蕴含巨大的价值，已经得到广泛重视。在数据成为"战略资源"的背景下，云计算为大数据的汇聚和分析提供了基础计算设施，客观上促进了数据资源的集中和对数据的存储、管理、分析能力的提升。而通过计算寻找数据中的隐含知识，进而支撑对历史规律的发现、现实状态的感知及未来行为的预测，是今天"机器智能"在一些领域取得突破的关键，通过对数据的计算，客观上支持了一大类人工智能任务的发展。

目前人工智能发展已进入一个新阶段，特别是在移动互联网、大数据、超级计算、传感网、脑科学等新理论、新技术及经济社会发展强烈需求的共同驱动下，人工智能快速发展，呈现深度学习、跨界融合、人机协同、群智开放、自主操控等新特征的大数据驱动知识学习作为其中的一个发展重点，为人工智能，特别是"机器智能"的产生提供了重要的支撑。通过对具有"5V"特征的大数据集的计算，对开放世界的实时大数据的持续获取、管理、分析与处理，对大规模领域知识和领域相关数据建立关联知识的内在表示，进而形成大量特征的关联关系，体现对事物的复杂认知，支持实时预测和决策，这是催生机器智能的关键。拥有大规模实时运行数据及有效的分析处理能力，是这类人工智能应用的核心竞争力。

大数据技术在智能高速铁路智能服务中最典型的应用是构建精确营销体系，通过认知旅客（perceive）、挖掘需求（data-mining）、精准营销（marketing）和营销评估（assess）4 个闭环管理步骤，全面、系统地指导智能服务内容的精确运营，实现基于旅客偏好的精准营销。

## 任务 2.9 知识图谱技术

### 1. 知识图谱的概念

知识图谱（knowledge graph，KG）是知识工程的重要分支之一，它以符号形式结构化地描述了物理世界中的概念及其相互关系。

知识图谱的基本组成形式为＜实体，关系，实体＞的三元组，实体间通过关系相互联结，构成了复杂的网状知识结构。

知识图谱从萌芽思想的提出到如今已经发展了 60 多年，衍生出了许多独立的研究方向，并在众多实际工程项目和大型系统中发挥着不可替代的重要作用。

如今，知识图谱已经成为认知和人工智能日益流行的研究方向，受到学术界和工业界的高度重视。

学术界目前缺乏一个被普遍接受的对知识图谱的严格定义，大多数定义是通过形式化描述知识图谱的一般语义表示或基础特征来给出定义。下面提供两条相对准确的定义以供参考。

（1）知识图谱获取信息并将其集成到本体中，并应用推理器来获取新知识。

（2）知识图谱是由实体和关系组成的多关系图，实体和关系分别被视为节点和不同类型的边。

### 2. 知识图谱与智能高速铁路

知识图谱属语义网络范畴。随着大数据应用水平的提高，知识图谱应用日益广泛。知识图谱在铁路行业的应用场景，就是对数据进行挖掘、建模和智能化提取，建立铁路行业自身知识图谱概念模型，以实现对规章、文件、公文、作业指导的智能支持。

围绕知识、信息、数据库，通过语义标注、语义匹配等技术支撑，经标准化后进行关键信息抽取，基于知识语义知识理解算法集，利用数据挖掘、深度学习和知识发现技术，构建智能检索服务，基于图谱技术，面向业务部门提供智能化检索服务，实现对规章、文件、公文、作业指导的文本检索、特征检索。

## 任务 2.10　区块链技术

### 1. 区块链技术的概念

区块链（blockchain）技术，自出现以来，受到许多关注且备受争议。有些人认为区块链是继蒸汽机、电力、互联网之后的颠覆性技术发明，将彻底改变整个人类社会价值传递的方式，甚至带来新一轮的科技革命；而有些反对者则认为比特币乃至区块链是一个骗局，或是对其未来充满担忧。

从狭义上来说，根据工业和信息化部 2016 年发布的《中国区块链技术和应用发展白皮书》所述，区块链技术是一种按照时间顺序将数据区块以顺序相连的方式组合成链式数据结构，并以密码学方式保证不可篡改和不可伪造的分布式账本技术。

从广义来说，区块链技术是利用块链式数据结构来验证与存储数据、利用分布式节点共识算法来生成和更新数据、利用密码学方式保证数据传输和访问的安全、利用由自动化脚本代码组成的智能合约来编程和操作数据的一种全新的分布式基础架构与计算范式。一般认为，区块链技术是伴随着以比特币为首的数字货币而出现的一项新兴技术，是一种以密码学算法为基础的点对点分布式账本技术，是分布式存储、点对点传输、共识机制、加密算法等计算机技术的新型应用模式。

区块链包括三个基本要素，即交易（transaction，一次操作，导致账本状态的一次改变）、区块（block，记录一段时间内发生的交易和状态结果，是对当前账本状态的一次共识）和链（chain，由一个个区块按照发生顺序串联而成，是整个状态变化的日志记录）。区块链中每个区块保存规定时间段内的数据记录（即交易），并通过密码学的方式构建一条安全可信的链条，形成一个不可篡改、全员共有的分布式账本。通俗地说，区块链是一个收录所有历史交易的账本，不同节点之间各持一份，节点间通过共识算法确保所有人的账本最终趋于一致。区块链中的每一个区块就是账本的每一页，记录了一个批次记录下来的交易条目。这样一来，所有交易的细节都被记录在一个任何节点都可以看得到的公开账本上，如果想要修改一个已经记录的交易，需要所有持有账本的节点同时修改。同时，由于区块链账本里面的每一页都记录了上一页的一个摘要信息，如果修改了某一页的账本（也就是篡改了某一个区块），其摘要就会跟下一页上记录的摘要不匹配，这时候就要连带修改下一页的内容，这就进一步导致了下一页的摘要与下下页的记录不匹配。如此循环，一个交易的篡改会导致后续所有区块摘要的修改，考虑到还要让所有人承认这些改变，这将是一个工作量巨大到近乎不可能完成的工作。正是从这个角度看，区块链具有不可篡改的特性。

### 2. 区块链的特征

#### 1）去中心化

在中本聪的设计中，每一枚比特币的产生都独立于权威中心机构，任意个人、组织都可以参与到每次挖矿、交易、验证中，成为庞大的比特币网络中的一部分。区块链网络通常由数量众多的节点组成，根据需求不同会由一部分节点或者全部节点承担账本数据维护工作，少量节点的离线或者功能丧失并不会影响整体系统的运行。在区块链中，各个节点和矿工遵守一套基于密码算法的记账交易规则，通过分布式存储和算力，共同维护全网的数据，避免了传统中心化机构对数据进行管理带来的高成本、易欺诈、缺乏透明、滥用权限等问题。普通用户之间的交易也不需要第三方机构介入，直接点对点进行交易互动即可。

#### 2）开放性

区块链系统是开放的，它的数据对所有人公开，任何人都可以通过公开的接口查询区块链数据和开发相关应用，因此整个系统的信息高度透明。虽然区块链的匿名性使交易各方的私有信息被加密，但这不影响区块链的开放性，加密只是对开放信息的一种保护。

在开放性的区块链系统中，为了保护一些隐私信息，一些区块链系统使用了隐私保护技术，使得人们虽然可以查看所有信息，但不能查看一些隐私信息。

#### 3）匿名性

在区块链中，数据交换的双方可以是匿名的，系统中的各个节点无须知道彼此的身份和个人信息即可进行数据交换。

我们谈论的隐私通常是指广义的隐私：别人不知道你是谁，也不知道你在做什么。事实上，隐私包含两个概念：狭义的隐私（privacy）与匿名（anonymity）。狭义的隐私就是别人知道你是谁，但不知道你在做什么；匿名则是别人知道你在做什么，但不知道你是谁。虽然区块链上的交易使用化名（pseudonym），即地址（address），但由于所有交易和状态都是明文，因此任何人都可以对所有化名进行分析并建构出用户特征（user profile）。更有研究指出，有些方法可以解析出化名与 IP 的映射关系，一旦 IP 与化名产生关联，则用户的每个行为都如同裸露在阳光下一般。

在比特币和以太坊等密码学货币的系统中，交易并不基于现实身份，而是基于密码学产生的钱包地址。但它们并不是匿名系统，很多文章和书籍里面提到的数字货币的匿名性，准确来说其实是化名。在一般的系统中，我们并不明确区分化名与匿名。但专门讨论隐私问题时，会区分化名与匿名。因为化名产生的信息在区块链系统中是可以查询的，尤其是在公有链中，可以公开查询所有的交易的特性会让化名在大数据的分析下完全不具备匿名性。但真正的匿名性，如达世币、门罗币、Zcash 等隐私货币使用的隐私技术才真正具有匿名性。

匿名和化名是不同的。在计算机科学中，匿名是指具备无关联性（unlinkability）的化名。所谓无关联性，就是指网络中其他人无法将用户与系统之间的任意两次交互（发送交易、查询等）进行关联。在比特币或以太坊中，由于用户反复使用公钥哈希值作为交易标识，交易之间显然能建立关联。因此比特币或以太坊并不具备匿名性。这些不具备匿名性的数据会造成商业信息的泄露，影响区块链技术的普及使用。

#### 4）可追溯性

区块链采用带时间戳的块链式存储结构，有利于追溯交易从源头状态到最近状态的整个过程。时间戳作为区块数据存在的证明，有助于将区块链应用于公证、知识产权注册等时间敏感领域。

#### 5）透明性

相较于用户匿名性，比特币和区块链系统的交易和历史都是透明的。由于在区块链中，账本是分发到整个网络所有参与者，账本的校对、历史信息等对于账本的持有者而言，都是透明的、公开的。

#### 6）不可篡改性

比特币的每次交易都会记录在区块链上，不同于由中心机构主宰的交易模式，其中心机构可以自行修改任意用户的交易信息，比特币很难篡改。

#### 7）多方共识

区块链作为一个多方参与维护的分布式账本系统，参与方需要约定数据校验、写入和冲突解决的规则，这被称为共识算法。比特币和以太坊作为公有链，当前采用的是工作量证明算法（PoW），应用于联盟链领域的共识算法则更加灵活多样，贴近业务需求本身。

### 3. 区块链的典型应用

#### 1）供应链金融

基于区块链的供应链金融应用中，通过将供应链上的每一笔交易和应收账款单据上链，同时引入第三方可信机构，例如银行、物流公司等，来确认这些信息，确保交易和单据的真实性，实现了物流、信息流、资金流的真实上链；同时，支持应收账款的转让、融资、清算等，让核心企业的信用可以传递到供应链的上下游企业，减小中小企业的融资难度，同时解决了机构的监管问题。

### 2）资产交易

通过区块链进行数字资产交易，首先将链下资产登记上链，转换为区块链上的标准化数字资产，不仅能对交易进行存证，还能做到交易即结算，提高交易效率，降低机构间通信协作成本。监管机构加入联盟链中，可实时监控区块链上的数字资产交易，提升监管效率，在必要时进行可信的仲裁、追责。

### 3）司法存证

在司法中，与传统司法证据相比，电子证据等的获取具有以下难点。

（1）取证成本高。当前司法取证依赖于具有司法机制的存证机构，具有取证周期长、费用高等特点。同时人力投入大，操作成本较高。

（2）取证难校验，公信力可能不足。由于电子证据本身易篡改、难溯源的特点，电子取证的权威性依赖于取证机构的资质与公信力，且取证后难以校验、追责。

2018 年，我国发布了《最高人民法院关于互联网法院审理案件若干问题的规定》（以下简称《规定》）。《规定》第 11 条中明确规定：当事人提交的电子数据，通过电子签名、可信时间戳、哈希值校验、区块链等证据收集、固定和防篡改的技术手段或者通过电子取证存证平台认证，能够证明其真实性的，互联网法院应当确认。因此，区块链记录的电子证据可被认为是具有司法效力的证据，已有多个平台成功应用。

2022 年 11 月，内蒙古自治区霍林郭勒市人民法院立案庭在对当事人申请司法确认的案件进行审查时，运用"区块链证据核验"技术对已上链存证的调解协议等材料进行核验，作出确认人民调解协议效力的民事裁定书，大大提高了诉前调解案件司法确认的效率，赢得了当事人好评。

### 4）智能合同

智能合同实际上是在另一个物体的行动上发挥功能的计算机程序。与普通计算机程序一样，智能合同也是一种"如果—然后"的功能，但区块链技术实现了这些"合同"的自动填写和执行，无须人工介入。这种合同最终可能会取代法律行业的核心业务，即在商业和民事领域起草和管理合同的业务。

### 5）溯源、防伪

利用追踪记录有形商品或无形信息的流转链条，通过对每一次流转的登记，实现追溯产地、防伪鉴证、根据溯源信息优化供应链、提供供应链金融服务等目标。

把区块链技术应用在溯源、防伪、优化供应链上的内在逻辑是数据不可篡改和加盖时间戳。区块链在登记结算场景上的实时对账能力以及在数据存证场景上的不可篡改和加盖时间戳能力为溯源、防伪、优化供应链场景提供了有力的工具。

### 6）政府

政务信息、项目招标等信息公开透明，政府工作通常受公众关注和监督，由于区块链技术能够保证信息的透明性和不可更改性，对政府透明化管理的落实有很大的作用。政府项目招标存在一定的信息不透明性，而企业在密封投标过程中也存在信息泄露的风险。区块链能够保证投标信息无法篡改，并能保证信息的透明性，在彼此不信任的竞争者之间形成信任共识。并能够通过区块链安排后续的智能合约，保证项目的建设进度，一定程度上防止了腐败的滋生。

### 7）数字证书

第一个在数字证书领域进行探索的是 MIT 的媒体实验室。媒体实验室发布的 Blockcert 是一个基于比特币区块链的数字学位证书开放标准。发布人创建一个包含一些基本信息的数字文件，如证书授予者的姓名、发行方的名字（麻省理工学院媒体实验室）、发行日期等。然后使用一个仅有 Media Lab 能够访问的私钥，对证书内容进行签名，并为证书本身追加该签名。接下来，发布人会创建一个哈希，这是一个短字符串，用来验证没有人篡改证书内容。最后，再次使用私钥，在比特币区块链上创建一个记录，表明我们在某个日期为某人颁发了某一证书。

### 8）物流

新加坡公司利用区块链技术，来帮助物流公司调度车队。Yojee 是一家成立于 2015 年 1 月的新加坡公司，Yojee 已经构建了使用人工智能和区块链的软件，充分利用现有的"最后一公里"交付基础设施来帮助物流企业调整它们的车队。

而针对电子商务公司，Yojee 推出了一个名为 Chatbot 的软件，帮助电商公司在没有人管理的情况下预订送货。Chatbot 可以将客户的详细信息（如地址、交货时间等）馈送到系统中，系统会自动安排正确的快递。

## 4. 区块链技术与智能高速铁路

### 1）在票务管理中的应用

区块链技术可以用于实现票务的去中心化，提高票务交易的效率和安全性。同时，乘客可以利用区块链技术进行实名注册，提高票务的防伪性和乘客信息的安全性。

### 2）在物流管理中的应用

铁路运输中的物流管理涉及到多个环节和多方参与，区块链技术可以用于实现信息的透明化和可追溯性，提高物流效率和安全性。同时，区块链技术可以用于实现电子运单、智能仓储等功能，提高物流的智能化水平。

### 3）在安全管理中的应用

区块链技术可以用于实现智能铁路安全管理的去中心化提高安全管理数据的透明度和可信度。同时，区块链技术可以用于记录设备维修和检测信息，提高设备的安全性和可靠性。

### 4）在内部管理中的应用

区块链技术可以用于实现铁路内部管理的去中心化提高内部管理数据的透明度和可信度。同时，区块链技术可以用于实现员工信息管理、财务管理等功能，提高内部管理的效率和安全性。

2018年，国铁集团数据中心建成，承载全路集中应用系统的部署及数据资源存储；配套建设铁路数据服务平台，面向全路提供数据汇集与管理服务。铁路大数据应用过程中出现以下2个关键难题。

（1）数据真实性缺乏保障。数据真实性风险包括生成阶段数据内容本身的伪造风险和流转过程数据内容的被篡改风险。

（2）数据资产无授权流转。数据作为一种非实体资产，具有可复制性，也存在被盗取的可能性。数据资产的无授权流转现象较为普遍，使得数据确权实现起来相当困难。

为解决上述难题，需建设铁路数据共享可信平台，该平台以数据为资产对象，结合区块链的不可篡改和可追溯特征，从"大一统的数据汇集"模式逐步转变为"多模态数据汇集"。结合现有铁路数据服务平台具备的数据治理与数据融合功能，由"获取原始数据"为主的累积性大数据建设模式向"获取分析结果"为主的应用型大数据建设模式转变。基于区块链的铁路数据共享可信平台在铁路数据联盟链技术的基础上，精准连接数据使用方、数据提供方、建模服务方、监管方等，实现身份数据、数据目录、数据授权、共享数据的链上操作。

通过数据服务平台在源头保证铁路数据确权和真实性，利用数据授权与权限控制严格监控数据流转过程。与传统数据共享方式相比，基于区块链的铁路数据共享可信平台支持加密密文数据交换和共享模式，提供基于数据目录、数据授权的共享，也支持基于数据模型、数据计算的数据共享。

基于区块链的铁路数据共享可信平台如图 2-13 所示。

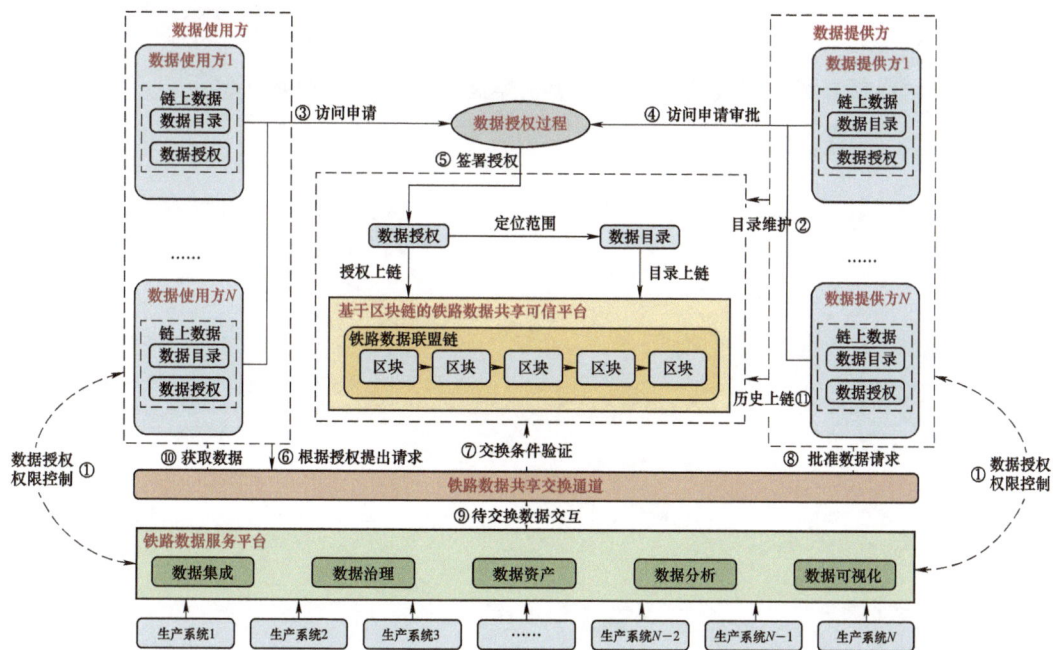

图 2-13　基于区块链的铁路数据共享可信平台

总之，区块链技术在智能铁路中有多种应用场景，可以提高运输的效率、安全性和智能化水平。未来随着技术的不断发展和完善，区块链技术在智能高铁中的应用将会更加广泛和深入。

## 项目小结

总结归纳本项目的知识技能要点，并尝试绘制本项目知识图谱。

├ 本项目知识技能要点 ┤

├ 本项目知识图谱 ┤

# 项目 3

# 智能高速铁路智能客运服务认知

## 项 目 目 标

掌握智能运营的概念、特征

了解智能服务的概念

掌握铁路客运服务的发展趋势

了解智能客运服务的特点和高铁智能服务体系结构

掌握铁路客运管理信息系统架构

## 任务 3.1　智能运营概述

### 1. 智能运营的概念

高速铁路智能运营是指广泛采用云计算、物联网、移动通信、大数据、人工智能等前沿技术，实现客运服务、运输组织、动车组及基础设施养护维修等便捷化、智能化的一系列理论、方法和手段。其主要关键技术有高速铁路智能车站、高速铁路智能票务、高速铁路运行图智能编制、高速铁路智能调度、高速铁路基础设施智能运维、高速铁路动车组与智能运维等。

铁路系统的智能运营是诸多新技术与先进运营理念深度融合，并贯彻于开行方案设计、铁路调度、客运组织、票务组织、车辆运维、线路运维等运营活动各个环节，具有自感知、自学习、自决策和自适应等功能的新型铁路运营方式。

智能运营部分典型运用如图 3-1 所示。

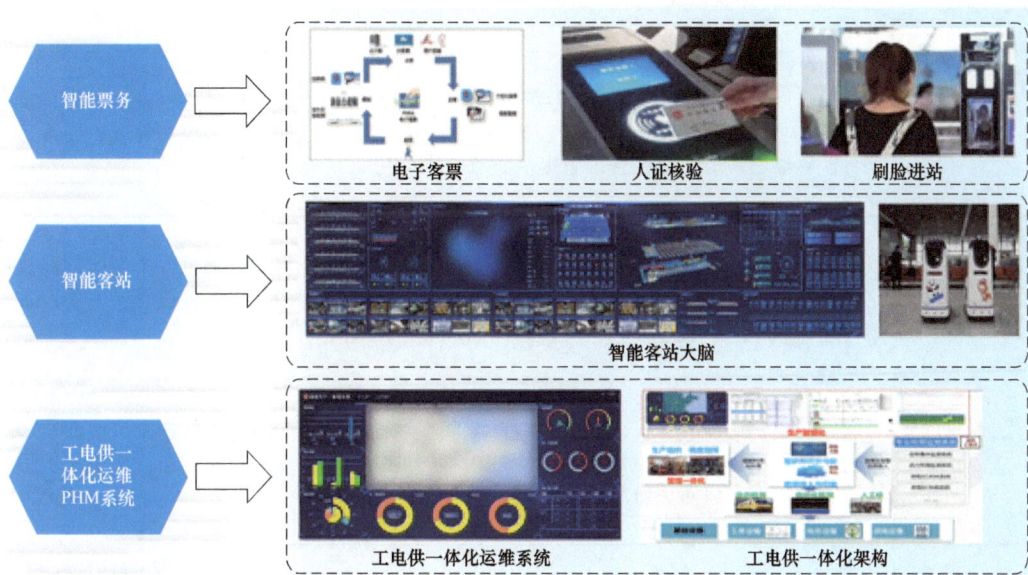

图 3-1　智能运营部分典型运用

从范围上来讲，智能运营贯穿了智能高速铁路运营的全生命周期，既有客流分析、方案制订、调度指挥、运输服务、客户服务，也有设备运维、线路运维等；从内容上来讲，通过互联网和物联网来传递数据，这些信息与数据往往蕴含着大量的知识，借助云平台的大数据挖掘和处理能力，运营人员可以实时清晰地了解智能高速铁路运行的方方面面，对智能高速铁路的组织协调、计划管理将会有更好的把控作用；从技术上来讲，智能运营中"智能"的根源在于以物联网、云计算、大数据、5G 等为基础和手段的信息技术的应用，智能运营涉及的各个阶段、各个专业领域不再相互独立存在，信息技术将其串联成一个整体。

### 2. 智能运营的特征

智能运营充分利用先进技术手段使智能高速铁路全生命周期的各个环节高度集成，对不同岗位工作人员的个性化需求作出智能反应，为不同阶段的使用者提供便利，借助各项技术发展起来的智能运营技术作为提高智能高速铁路生产效率的新技术，特色鲜明。智能运营的特征见表 3-1。

表 3-1　智能运营的特征

| 特征 | 含　义 |
| --- | --- |
| 智慧性 | 主要体现在信息和服务这两个方面，智慧性以信息作为支撑，每个运营项目都包含巨量的信息，需要有感知和获取各类信息的能力、储存各类信息的数据库、高速分析数据能力、智慧处理数据能力等，而当具备信息条件后，通过技术手段及时为用户提供高度匹配、高质量的智慧服务 |
| 便利性 | 智能运营以满足使用者需求为主要目标，在运营过程中，需要为各专业参与者提供信息共享及各类智慧服务，为各专业参与者提供便利、舒适的工作资源和环境，使得运营项目能够顺利完成，也为管理者提供满意的决策功能 |
| 集成性 | 集成性主要指将各类信息化技术手段互补的技术集成及将运营项目各个主体功能集成这两个方面。智能运营的技术支持涵盖了各类信息技术手段，而每种信息技术手段都有独特的功能，需要将每种技术手段联合在一起，实现高度集成化 |
| 协同性 | 通过运用物联网技术，将原本没有联系的个体与个体之间相互关联起来，彼此交错，构建了智慧平台的神经网络，从而能够为不同的参与用户提供共享信息，增进不同用户间的联系，能有效避免信息孤岛情况，达到协同工作的效果 |
| 可持续性 | 智能运营完全契合可持续性发展的理念，将可持续性融入运营项目整个生命周期的每一个环节中。采用信息技术手段，能够有效进行能耗控制、绿色生产、资源回收再利用等方面的作业。可持续性不仅满足节能环保方面的要求，还满足了社会发展、城市建设等要求 |

## 任务 3.2    智能客运服务概述

通过对任务 3.1 进行学习，我们知道，包括智能票务、智能列车服务、智能车站服务在内的智能客运服务是智能运营的一个组成部分，其与动车组运维、供电运维、工务运维、电务运维等基础设施设备的运维一同构成智能运维体系。本书将介绍的重点放在智能客运服务领域。

### 1. 智能服务

随着 5G、云计算、人工智能、大数据等新兴技术的发展，服务涉及的内容与范围已经发生巨大变化，呈现多种服务。智能服务是具有划时代意义的生产力变革，其焕发着勃勃生机。在国外，智能服务已经上升为国家战略，如德国联邦经济和能源部发布创新报告《智能服务世界》，介绍美好生活、智能生产、跨行业科技等领域智能服务发展计划；欧盟发布的《地平线 2020》（*Horizon 2020*）中提出在社会挑战领域发起智能、绿色和综合交通的研究。在国内，城市智能服务的概念已被提出，强调城市服务应向移动化、一站式、信用化的方向发展；城市客运服务方面，定制出行、联网售票、智能监管正在逐步实现；物流方面，"菜鸟网络"等第三方物流正在打造新一代供应链服务生态体系。

围绕"强基达标、提质增效"主题，以服务旅客、提高效率、提升效益为目标，利用 5G、云计算、人工智能、大数据等技术手段，运用科学的信息化建设理论方法，推进市场、运营、服务、保障和管理 5 大体系建设，实现对铁路客运市场需求、营销、运营、服务、管理、决策等全过程做出的智能化响应，促进铁路与旅客、服务与作业、作业与环境、管理与决策高度融合和协调，创造铁路客运自我学习、自我完善、自我进化的智慧生态，实现铁路客运可持续发展。

### 2. 铁路客运服务的发展趋势

#### 1）服务范围与内容不断扩展

我国高速铁路客运服务产品的核心是个体位移，服务范围是站到站，关注旅客在旅行过程中特定需求的定制和旅客个性化体验服务的趋势越来越明显。未来，铁路系统必将深化与第三方的合作，逐步满足旅客除位移之外的全程全方位个性化需求，即包括了对旅行过程中的饮食、娱乐、办公等多方面定制需求的满足。

### 2）服务方式多样化

形成高铁生态圈，即以"站到站"为核心，以旅行全程为主线，以客流聚集为特征，以多种服务商集成、线上线下相结合（online to offline）为支撑的更新型、更大范围的服务体系，如图 3-2 所示。

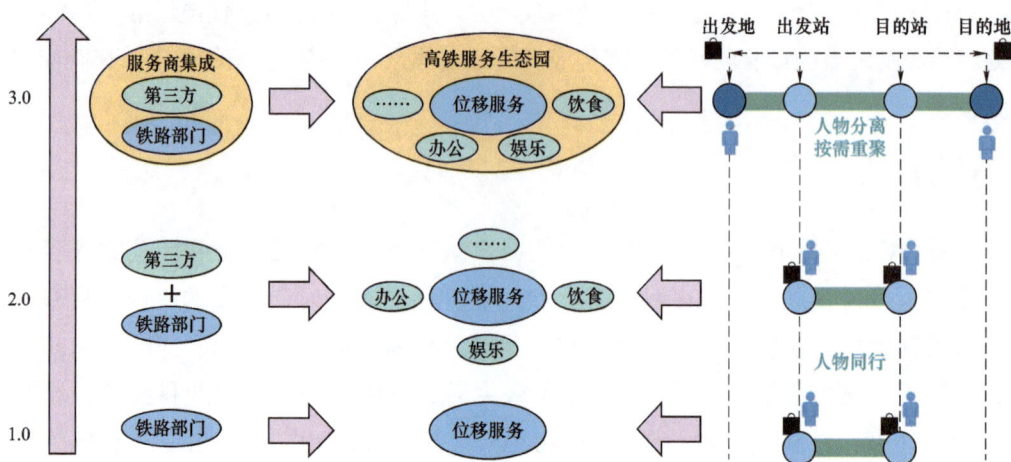

图 3-2　高铁客运服务生态体系

### 3. 智能客运服务

智能客运服务必然是未来高速铁路客运服务模式，除提供站到站的位移服务外，将对服务品质及维度进行升级，对服务的范围和内容进行扩展，融合更多服务商共同为旅客提供"门到门"的全程、全方位的服务。其具有以下特点。

### 1）集成化

对提供不同业务的上下游商家深度整合，如旅店、餐饮、出租车等，打造合作共赢的良性发展模式。集成化强调，立足铁路自身，建立一个多接口平台，将更丰富的外部服务纳入到铁路服务体系中，形成以铁路为中心的综合服务平台。在传统客运服务模式下，旅客需将出行相关需求进行拆分，并分别向相应的服务提供商提出服务需求，如预约出租车、预订宾馆、订餐、托运行李等。而在高铁智能服务中，旅客只需向综合服务平台提出全程出行需求，如出发地、目的地、预期出发/到达时间、行李信息等，即可得到全程的、多方位服务。高铁客运服务新模式如图 3-3 所示，高铁智能服务的集成平台由服务集成代理

（service integrationagent）来实现，而服务集成代理既可以是铁路自身也可为第三方服务公司。

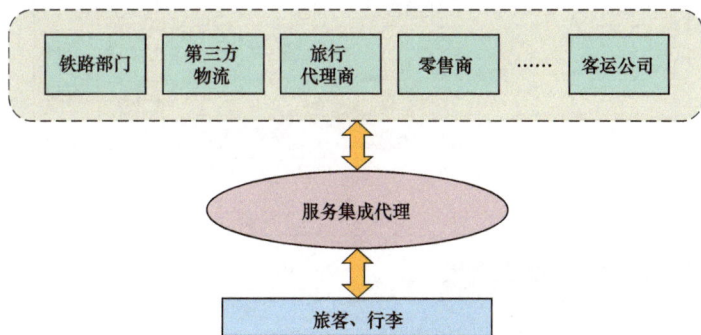

图 3–3　高铁客运服务新模式

### 2）全方位

铁路企业不仅解决吃和行，且全方位考虑旅客的显性及隐性需求，打造专属旅行计划，让出行变成一次全方位的体验和享受。旅客需求可分为核心需求、基本需求、体验需求等 3 个维度，全方位服务是从单个旅客的角度出发，满足旅客不同维度的个性化需求。

### 3）智能化

5G、云计算、人工智能、大数据等新兴技术将铁路客运服务变得"聪明"，让乘坐铁路出行变得更舒适、更方便、更快捷、更安全，全面提升出行体验。

### 4. 高铁智能服务体系结构

要实现为旅客提供一种实时的、智能化的高铁服务，必须有一套完整的体系作为支撑，使线上与线下、站车内与站车外、不同客运部门之间相互协作。高铁智能服务体系结构分为内部构成和外部环境两部分，如图 3–4 所示，其中，内部构成涵盖了用于支撑智能高铁综合服务平台（简称：支撑平台）的全部组成，此外还包含了内部构成与外部环境的接口；外部环境主要指用于保证支撑平台有效应用的政策、法律、标准。

### 1）内部构成

在内部，从数据流的产生到应用，可将支撑平台分为感知层、传输层、数据层和服务层。

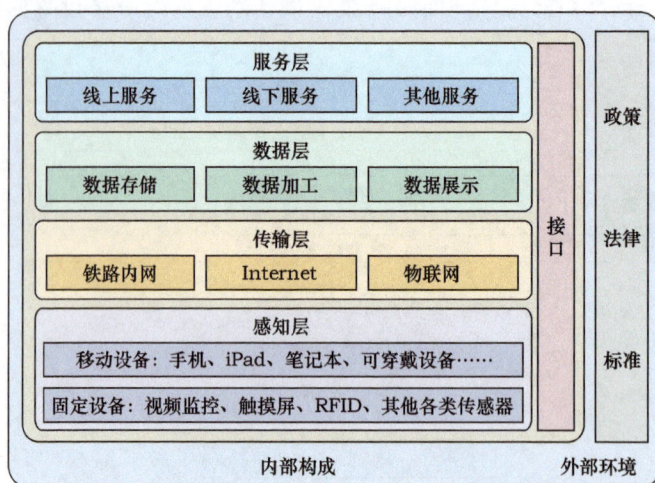

图 3-4　高铁智能服务体系结构图

（1）感知层，主要实现数据的采集，在传感技术、人工智能等技术的推动下，数据采集的方式更加多样化，除传统的视频监控、传感设备之外，智能穿戴、移动设备、智能传感器等将采集到更全面的旅客信息，从而可为更加完善的旅客画像及定制服务提供良好的数据基础。

（2）传输层，主要实现数据在信息系统间的传输，将采集到的数据通过铁路内网、互联网、物联网传输至数据平台或相应的信息系统。

（3）数据层，主要实现数据的清洗、治理、存储、挖掘、可视化等功能，将多源异构的原始数据通过相应技术转化为高质量、可应用、结构化的数据，运用深度挖掘等技术将数据转化为有价值的信息，并进行分类存储与可视化展现。

（4）服务层，在对旅客需求分析的基础上，综合运用数据层提供的信息，为旅客提供全方位、体验式的高铁智能服务。

### 2）外部环境

外部环境中，政策体系包括国家对铁路运输及服务业政策，法律体系包括铁路内部法规及铁路外部法律，标准体系包括基本标准、服务保障标准和服务提供标准 3 项。

### 3）技术支撑

高铁智能服务需要通过技术手段实时获取旅客的内外在需求，同时与外部环境交互，以实现供需匹配。因此，先进技术的应用将有效促进智能服务的发展。项目 2 中介绍的技术将在高铁智能服务发展进程中扮演重要角色。

## 任务 3.3　智能客运服务基础平台——铁路客运管理信息系统

随着我国建设的快速发展，铁路客运业务不断扩大，客运作业量呈现复杂化、多样化等特性。要实现客运业务预期的增长目标，需要解决大量的、甚至涉及行业之间的业务问题和挑战。人工完成或者简单的系统完成客运业务管理已不太现实，铁路客运管理信息化建设、智能化管理变得越来越重要、越来越突出。同时市场运输行业的激烈竞争，也迫使铁路运输企业必须通过不断提高客运智能化水平、旅客服务水平来提高占有的市场份额。

铁路客运管理信息系统是铁路智能化建设的重要组成部分，对于促进铁路客运信息共享，提升铁路客运生产作业能力和管理水平具有重要意义。该系统是面向全路客运管理信息化的"窗口"，加强铁路客运管理的信息化、集成化和自动化（智能化）是提高铁路客运管理水平，提高客运服务质量，提升客运生产作业能力，提升铁路部门市场竞争力的关键。在铁路客运管理信息化建设过程中，部分铁路局、客运站段已经建立了一些信息系统，但这些系统业务功能单一，相互之间自成体系，集成耦合度高，升级扩展困难，缺乏统一的接口服务标准，难以实现信息共享和综合利用，不能全面满足客运管理部门对系统的业务需求。顶层设计不足、信息孤岛、资源分散、整体应用水平不高等问题催生了全路统一的智能客运服务基础平台——铁路客运管理信息系统。

### 1. 铁路客运管理信息系统总体架构

铁路客运管理系统划分为用户交互层、业务处理层、服务组合层、数据中心层和基础设施层，如图 3-5 所示。

### 2. 应用架构

应用架构以信息架构为基础，建立支撑系统中各业务功能的运行，通过应用系统的集成运行，实现信息的自动化流动，代替手工信息流动方式，提高客运管理业务的效率，降低客运管理的成本。铁路客运管理信息系统以"铁路旅客运输管理业务为中心"进行设计，是面向全路客运业务管理、客运信息集成的信息系统，为铁路各级客运管理部门提供"全业务流、体系化、自动化、智能化"管理支撑。系统以铁路国铁集团集中管控、铁路局分级管理为前提，以客票系统、调度系统、动车组系统等系统为基础，生成客运业务计划，优化作业流程，实现以列车开行计划为依据，自动编制乘务作业计划，编制、审批上水作

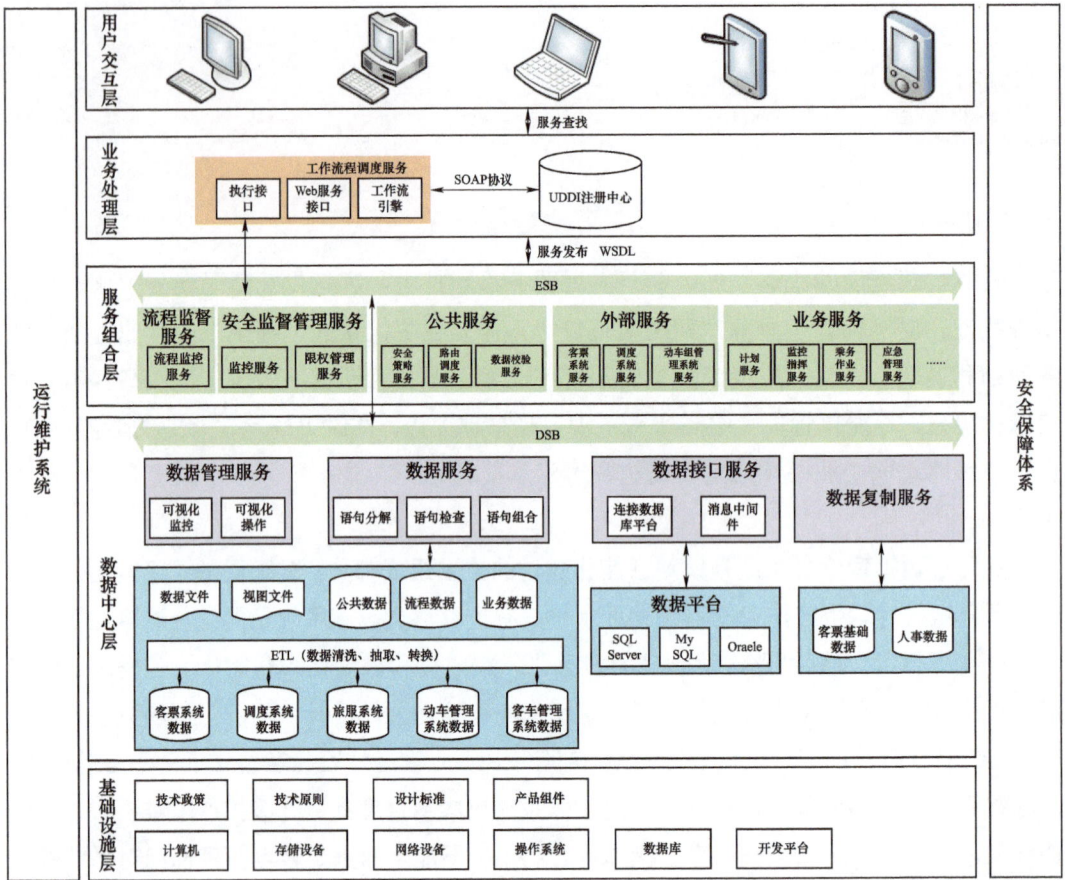

**图 3-5 铁路客运管理信息系统总体架构**

业计划等作业计划；以乘务作业计划为基础，制定、优化客运值乘人员排班计划，实现客运值乘人员按计划担当乘务作业，完成客运生产任务；以上水作业计划为基础，完成对全路旅客列车的上水作业任务，统计分析各车站的上水作业情况，提高监控、管理能力；以实际列车运营信息为基础，实现对在途列车的实时定位与监控；以客运部门的运营、生产为基础，为客运安全运营指挥提供保障；以旅客为对象，结合大量的调查数据，进行定性、定量分析，建立客运服务质量评价方法和体系，对客运服务质量进行客观合理的评价，为客运管理人员提供有效的决策支持，从而改进服务质量，提高市场竞争力；客运作业人员是实现客运生产、作业的主体，为了保证客运生产、运输组织的正常有序运营，需要完成对客运作业人员的考勤管理等功能。因此，基于客运管理、业务流程，铁路客运管理系统从功能角度划分为计划管理、作业管理、运营监控、人员管理、统计分析、文档资料管理、服务质量评价、安全管理等功能。铁路客运管理信息系统功能结构如图 3-6 所示。

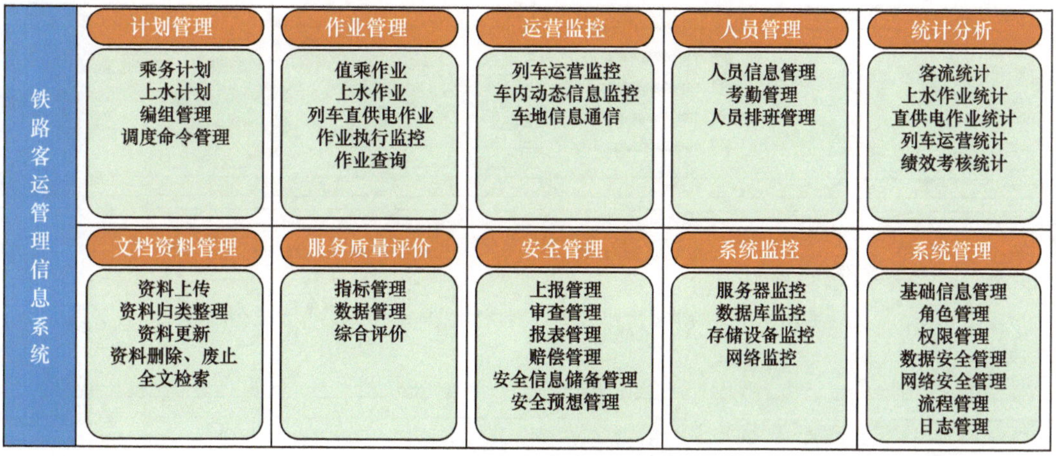

图 3-6　铁路客运管理信息系统功能结构

### 3. 信息架构

信息架构（也称为数据架构）是将业务实体抽象成为信息对象，将业务运作模式抽象成为信息对象的属性和方法，建立面向对象的企业信息模型。信息架构实现从业务模式向信息模型的转变，业务需求向信息功能的映射，企业基础数据向企业信息的抽象。

信息架构从总体角度描述了铁路客运管理信息系统的数据资源与数据流向结构，主要包括数据的清洗、抽取、转换以及在对数据的分类、定义、存储。铁路客运管理信息系统信息架构（见图 3-7）围绕着"数据分类、管理、整合"的思路展开基于数据仓库平台实现对系统中业务功能及应用数据的建模、存储、整合，作为系统数据中心提供查询、分析、挖掘数据服务。

#### 1）计划管理

计划管理主要实现对客运业务计划、客运作业计划、客运组织计划的编制、审核管理，系统以客票数据、调度数据、调度命令数据、编组数据为基础数据，经过数据的清洗、转换后，对这些基础数据进行融合、集成，结合客管系统的人员、班组、车队等信息，编制生成乘务作业计划、列车上水计划，并在此基础上随时根据调度命令调整乘务作业计划、列车上水计划，实现计划的动态编制，并用图形化界面展示月度计划、周计划、日计划，同时通过互联网下发到值乘人员移动终端，便于客运值乘人员及时了解所有计划信息。

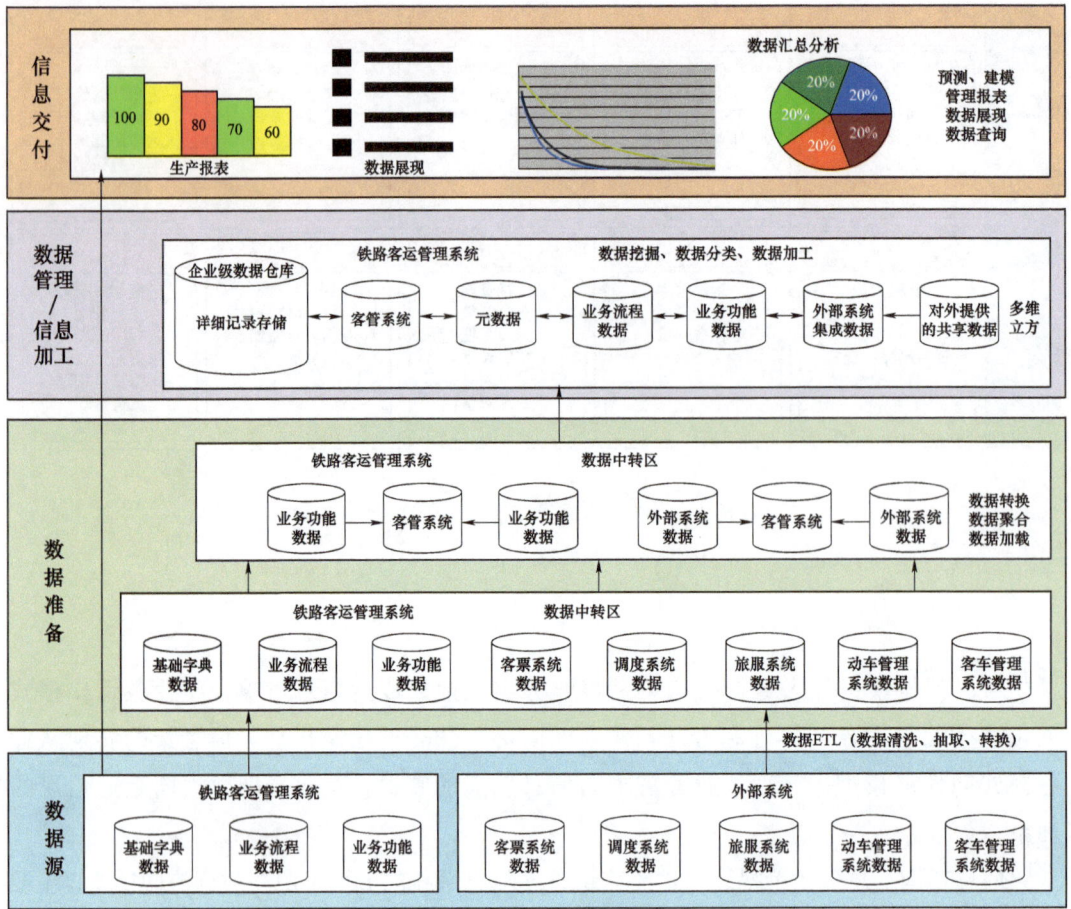

图 3-7　铁路客运管理信息系统信息架构

### 2）作业管理

作业管理主要实现具体作业任务的执行、监控预览和维护等功能。包括值乘作业、上水作业、列车直供电作业的执行，数据的维护、上报，以及对所有作业任务的监控、作业状态的监控。及时发现作业完成情况及完成质量，调整、优化作业方式，提高客运作业管理效率。同时，客运作业人员可以通过移动终端对作业数据进行维护及查询，便于作业人员及时填报数据，提高作业执行效率。

### 3）运营监控

运营监控主要完成对在途列车的实时监控，通过客票系统提供的车内实时人数，动车组系统提供的动车编组，客车系统提供的普速列车编组，结合客管系统的值乘信息、人员信息，移动终端返回的列车位置信息等，对这些数据进行集成、融合，统一在电子地图上展示列车实时运行状态及运行轨迹，同时可以通过地面系统与移动终端实现车地之间信息交互，实现语音、文字、图片、视频等信息的传输。提高客运管理人员对在途列车的运营监控。

### 4）人员管理

人员管理主要实现对员工基础信息的管理和维护。包括员工的统一身份认证、岗位职责分工、员工排班、考勤汇总统计、员工履历维护等功能。针对客运站段员工职务、职责灵活变化，调图前后大量员工所属车队、班组需要调整的需求，系统采用员工有效性配置方式，能够满足员工职务、职责、所属车队、班组灵活自动调整。

### 5）统计分析

统计分析主要实现对客运业务数据的统计、分析、预测功能，客运决策管理人员能迅速了解各相关业务的完成、执行情况，及时做出科学、合理的指挥、决策。系统提供对客流的预测统计、列车正晚点统计分析、列车上水作业统计分析、列车直供电作业统计分析、列车运营统计分析、员工绩效考核统计分析等功能。同时支持移动终端对各类统计分析数据的查询。

### 6）文档资料管理

文档资料管理主要对铁路国铁集团、路局、站段的文档资料进行归类、整理，实现一次发布、更新、删除，全路自动同步共享，支持对文档资料内容的快速检索，提高文档资料的流转速度。国铁集团下发的文档资料，全路共享，路局下发的文档资料，局管内共享，站段下发的文档资料，本站段内共享。其主要功能包括：文档资料的上传、发布，文档资料的更新，文档资料的删除、废止，文档资料的全文检索。

以铁路电子公文及档案管理为例，智能高铁时代，如何充分发掘铁路电子公文资源价值，改变传统电子公文管理模式，紧跟铁路电子公文大数据发展趋势，突破各类异构资源的框架格式，开发电子公文数据的智能采集、自动标引与智慧推荐等功能，进行铁路电子公文数据细粒度碎片化加工，实现铁路电子公文资源与其他办公系统横向协同、纵向贯通，构筑知识关联、集成与共享，提高辅助决策支持能力及办文效率，已成为亟需解决的问题。铁路客运管理信息系统实现了电子公文查询对业务精准推荐，基于公文分类、业务领域、检索文本分类等规则召回，在检索后自动推荐给用户适用的公文内容，实现电子公文对业务场景精准推荐；根据基于多路动态召回逻辑回归（logistic regression，LR）混排和优化版图卷积神经网络（graph convolutional network，GCN）算法等排序策略，对推荐内容智能化排序。铁路客运管理信息系统能够实现管好用好铁路电子公文、档案等数据资源，最大限度激活数据价值，提升铁路电子公文业务流程效率，提供决策依据，从而更好地促进铁路电子公文数据资源共享，提高铁路企业决策科学性和办公效率。

### 7）服务质量评价

服务质量评价主要是以旅客的服务需求为基础，建立旅客服务质量评价指标及体系，通过对旅客的客运服务质量满意度调查，利用评价模型及算法，对客运服务质量进行评价，进而有针对性、有目标地采取和改进服务质量措施，提高客运服务水平。主要功能包括：评价指标建立、评价指标体系建立、调查数据录入、异常数据剔除、质量评价。

### 8）安全管理

安全管理主要实现对旅客人身安全事件的监督、管理。其主要功能包括：旅客发生人身安全事件的上报，站段单位对安全事件的审查，安全事件的赔偿以及相关报表的打印、查询，安全事件处理知识库，安全事件预想，等等。通过安全事件处理知识库的建立以及安全事件的预想，能够提高客运作业人员对应急、突发事件的处置、解决能力。以应对自然灾害、事故灾难、社会安全等突发事件，指导快速做出科学决策、组织救援的铁路应急预案的智能支持模块为例，铁路客运管理信息系统针对应急预案多以非结构化文档存储，其结构化及检索过程中容易造成信息损失的问题，采用基于命名实体识别的铁路应急预案智能管理方法。首先，应用排版样式、编辑语义、文本语义等信息，实现流式文档结构的智能解析、附件识别及时序文档的信息综合；然后，以运维知识图谱中实体及其类别构建实体类别集，嵌入实体类别信息并与字符嵌入拼接生成增强特征，对文本进行实体的命名标识及段属性标识；最后，采用递归神经网络并引入注意力机制构建命名实体层次表达，融合结构和语义因素实现检索结果的智能排序。实验证明，铁路客运管理信息系统能准确解析文档结构并在低标注下识别命名实体，实现应急预案的智能检索与排序，可有效提高铁路应急预案管理的智能化水平。

### 9）系统监控

系统监控主要实现对服务器、网络设备、数据库、存储设备等的监控。提高系统运营设备的监控，及时了解设备的运行状态，一旦出现突发情况，能够迅速判断故障问题，迅速切换到备用设备，保证系统的安全运行。服务器监控内容包括服务器资源占用情况、服务器进程状态、服务器内存消耗、应用程序的性能等。网络设备监控内容包括路由器、交换机、网闸等网络设备的监控与管理，收集设备的运行状态信息、故障信息、日志信息等。数据库监控包括对数据库运行状态的监控、I/O 读写监控、负载监控、连接用户监控等，以保证管理员能及时准确地了解数据库运行状态、运行效率，发生数据库运行效率低下时，能够通过优化配置，优化 SQL 语句来提高数据库运行效率。存储设备监控包括对存储设备的运行状态、磁盘阵列的性能信息、数据传输的状态等的监控，保证管理员及时了解存储设备的状态。

### 10）系统管理

系统管理主要实现铁路客运管理信息系统的基础数据管理、用户角色管理、用户权限管理、数据安全管理、流程管理、日志管理。基础数据管理为铁路客运管理信息系统各业务功能提供基础配置数据，如车次数据、站段字典数据等。用户角色管理、用户权限管理实现对不同用户，分配不同的功能访问权限及数据访问权限。数据安全管理实现对各个业务数据的监控，对异常数据进行主动提示。流程管理主要通过图形化界面，结合业务流程模板，方便高效地设计新的作业流程，并提供流程的分类查询、删除和修改。日志管理主要实现对系统中所有操作日志进行分类管理，对敏感（异常登录、修改密码等）、异常日志（恶意攻击应用及数据）进行提示。

### 4. 技术架构

技术架构是实现应用架构的底层技术基础结构，通过软件平台技术、硬件技术、网络技术、信息安全技术间的相互作用支撑系统应用的运转，是整体系统的技术实现，系统的部署、分布和技术环境。

通过对客管系统底层基础设施及执行具体业务流程特点的分析，从系统的基础设施及支撑系统应用角度，来构建一个标准化的技术架构模型（见图 3-8），将铁路客运管理信息系统技术架构划分为基础设施层、数据层、服务管理层和展现层。

### 5. 铁路客运管理信息系统层次模型

铁路客运管理信息系统（以下简称客管系统）按照客运管理统一指挥、集中管控、分级负责的管理模式，采用两级部署、三级应用模式，将系统划分为：国铁集团客运管理信息系统（国铁集团客管系统）、铁路局集团公司客运管理信息系统（铁路局客管系统）、客运段客运管理信息系统（客运段客管系统）、客运站客运管理信息系统（客运站客管系统）、智能车载客运管理信息系统（车载客管系统）。

国铁集团客管系统一方面通过与客票系统、动车组系统、客车系统进行数据交换，实现客运车次、客票票价、席位信息、动车组车辆编组、客车车辆编组等信息实时共享和综合应用，为客管系统提供了必需的客运基础数据；另一方面负责监控、管理全路客

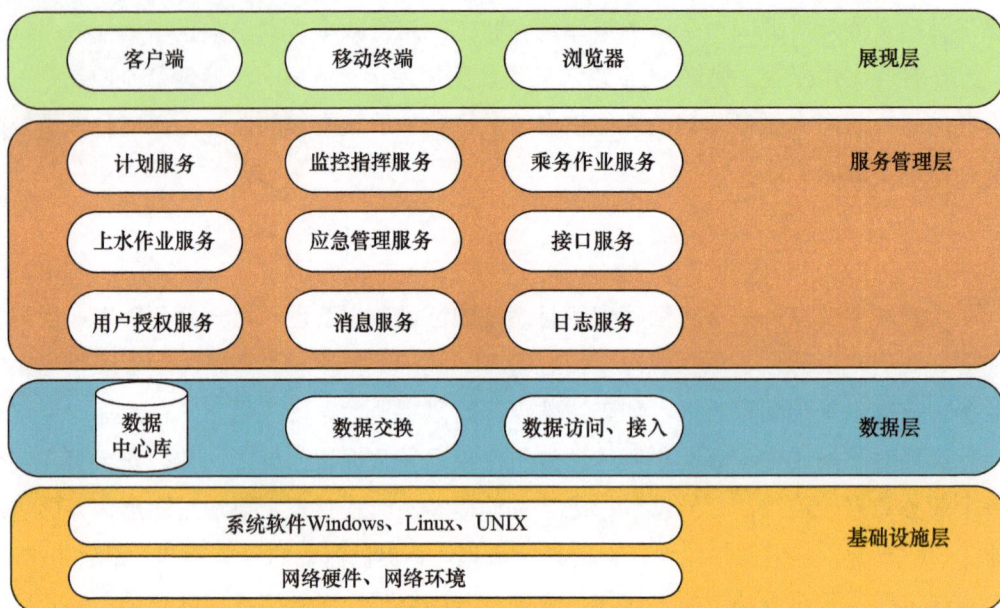

图 3-8 铁路客运管理信息系统技术架构

运生产、客运作业、客运服务的总体情况，完成全路客运业务计划审批，实现客运业务的规范、集中管理，客运信息的集成、共享，辅助决策提供信息化支撑。

铁路局客管系统一方面通过与调度系统、人事管理系统、旅服系统的对接，实现了调度命令信息、行车信息、旅服信息等信息的共享，为客管系统提供了必要的基础业务数据；另一方面负责监控、管理所辖站段客运生产、客运作业、客运服务的情况，同时实现与外局的公共客运业务数据共享。

客运站段客管系统主要负责本站段具体的客运生产、客运作业的执行、实施以及客运业务计划的编制、上报等，是客运业务数据生产的主要系统。

智能车载客管系统主要提供移动终端与地面客管系统之间的信息交互，负责列车与地面客管系统的业务数据交互、车载客运计划签收执行等，通过移动终端完成对客运业务的管理。

铁路客运管理信息系统层次模型如图 3-9 所示。

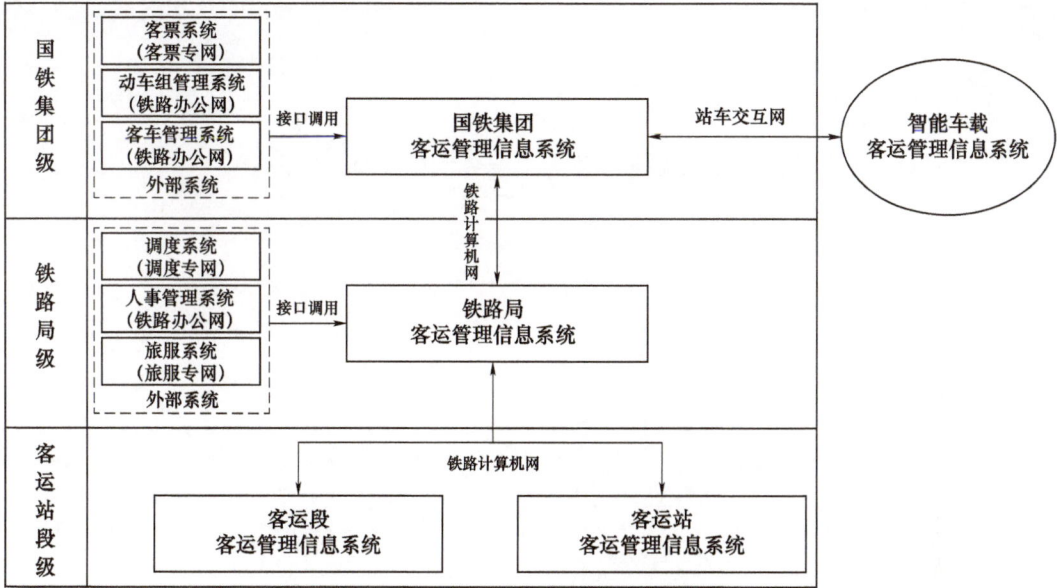

图 3-9　铁路客运管理信息系统层次模型

## 项目小结

总结归纳本项目的知识技能要点，并尝试绘制本项目知识图谱。

├ 本项目知识技能要点 ┤

├ 本项目知识图谱 ┤

# 项目 4
# 智能动车组服务技术

## 项目目标

了解列车客运服务与管理移动终端系统的设计原则

掌握列车客运服务与管理移动终端系统的总体结构和逻辑架构

掌握列车客运服务与管理移动终端系统的功能和关键技术

掌握智能车载客运管理系统的基础知识

了解智能车载客运管理系统的设计原则

掌握高速铁路智能动车组技术体系

掌握高速铁路智能动车组智能服务的 5 个应用场景

## 任务 4.1  列车客运服务与管理移动终端系统

任务 3.3 铁路客运管理信息系统是以促进铁路客运信息共享和综合利用为目标，针对值乘管理、在途监控、作业管理等客运业务建立的全面、综合型的旅客运输管理平台。但是，由于列车的流动性及工作职责的分散性，迫切需要在铁路客运管理信息系统的总体框架下设计开发列车客运服务与管理移动终端系统，实现列车业务数据的采集、传输与汇总，以及车地实时交互和列车运行位置获取等功能，满足列车办公、列车巡视、列车定位等业务需求，使客运段的管理部门能够随时与列车长、列车员进行信息交互，及时掌握列车的位置和运行状态。

### 1. 列车客运服务与管理移动终端系统总体设计

#### 1）系统设计原则

根据列车客运业务繁忙、流程复杂、名目繁多等特点，手持移动终端的系统设计应遵循以下原则。

（1）操作流程力求简明，易于列车基层工作人员掌握和使用。

（2）信息共享和应用集成，应用功能设计采用统一的编码、接口、应用技术规范和标准。

（3）系统易于升级和扩展，模块之间松耦合。

#### 2）系统总体结构

列车客运服务与管理移动终端系统利用铁路无线站车交互平台（与铁路客票发售及预订系统共享，使用 GSM-R/GPRS 网络），经过国铁集团安全平台接入系统在总公司部署的对外接口服务器，该服务器数据与总公司服务器数据同步，这样既能实现手持移动终端数据及时传回地面的铁路客运管理信息系统，又能保证系统内部和外部网络间信息交互的安全性。列车客运服务与管理移动终端系统总体结构如图 4-1 所示。

#### 3）系统逻辑架构

列车客运服务与管理移动终端系统采用多层分布式体系结构，按数据层、技术组件层、业务层和应用层 4 层结构进行设计与开发，层与层之间既相对独立又相互关联，系统逻辑架构如图 4-2 所示。

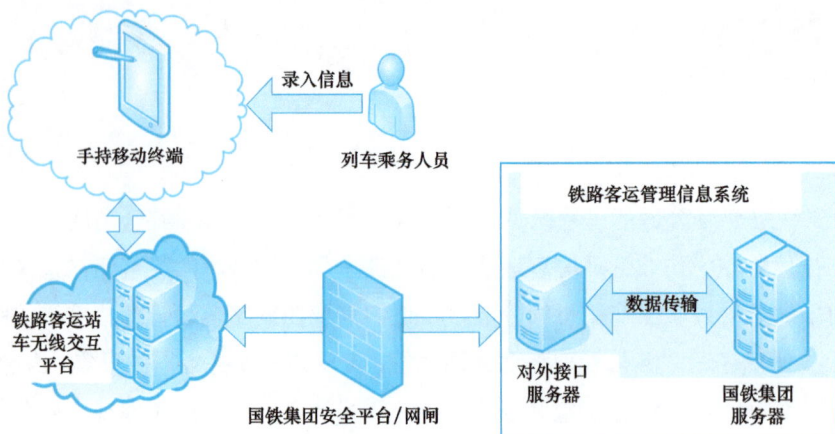

图 4-1　列车客运服务与管理移动终端系统总体结构

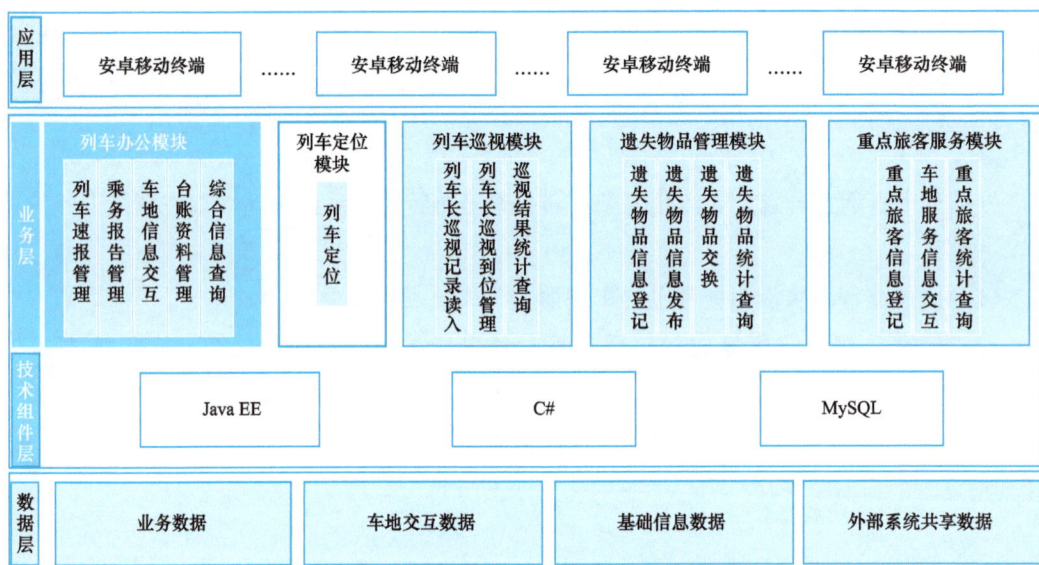

图 4-2　列车客运服务与管理移动终端系统逻辑架构

（1）应用层是基于安卓操作系统研发的客户端，负责与用户的交互，包括界面部分和逻辑控制部分，其中界面部分是客户端的用户界面，负责从用户方接收命令、请求和数据，传递给业务层处理，然后将结果呈现出来；逻辑控制部分负责应用层和业务层之间的数据交互处理。

（2）业务层负责业务逻辑的处理，它封装了实际业务逻辑，包含数据验证、事务处理和权限处理等业务相关操作，是整个终端系统的核心。业务层分为业务数据处理和业务操作 2 部分。

（3）技术组件层提供系统开发环境，分为 3 部分，移动端采用 Java EE 实现，地面端采用 C# 实现，数据存储采用 MySQL 数据库。

（4）数据层提供可供外界访问的统一接口，系统调用 Web Service 进行接口交互，其优势在于易于跨平台开发，适用于移动终端的应用环境。

### 2. 列车客运服务与管理移动终端系统功能设计

#### 1）列车办公

列车办公模块根据业务需求可以分为列车车上作业管理和车上综合信息查询 2 部分。① 列车车上作业管理包括列车速报管理、乘务报告管理、车地信息交互和台账信息管理，主要实现列车内部业务数据的采集、传输与汇总，工作报表和台账的生成，并能与地面实现信息交互与共享，形成相关数据报表。② 车上综合信息查询主要方便列车长和乘务员查询所需信息，包括列车时刻表查询、正晚点信息查询、客流密度查询、票额分配查询，以及规章文电信息查询等。

#### 2）列车定位

利用手持移动终端，将列车所在区域的基站位置信息、列车编组、列车长个人信息、班组信息等，通过车地信息交互自动反馈并定时更新至国铁集团服务器，国铁集团、铁路局、客运段访问国铁集团服务器，即可在全国行政区图上显示列车位置信息、车辆运行信息及列车长信息，为地面指挥中心进行合理的调度管理提供依据。

#### 3）列车巡视

利用物联网技术，结合 RFID 电子标签、手持式数据采集器及网络传输等技术，实现列车巡视信息的集中管理。每节车厢安装对应的电子标签，系统可自动识别车厢，通过手持移动终端进行数据采集。列车的全部巡视数据通过手持移动终端输入并保存到后台数据库，自动进行分析和处理，生成巡视到位报表、车厢状态和巡视结果等数据类报表。

#### 4）遗失物品管理

利用列车手持移动终端对列车上发现的遗失物品进行信息登记、保存，通过车地信息交互，将信息反馈至地面铁路局、客运段，实现信息共享，实物交回终到站后通过车站的大屏幕显示器动态显示旅客的遗失物品信息，等待旅客认领。

#### 5）重点旅客服务

重点旅客服务包括重点旅客信息登记、车地服务信息交互、重点旅客统计查询等。

其中，重点旅客信息登记功能包括登记重点旅客的乘车时间、乘车区间、姓名、年龄、联系方式等基本信息；车地服务信息交互功能提供列车与车站之间的双向信息传输，列车工作人员利用车载移动终端可以接收前方站发送的重点旅客信息，以便做好服务准备，并将后续工作情况反馈给相关车站；重点旅客统计查询功能按照车次、服务人员或班组、发到站、乘车时间等关键字对重点旅客进行统计查询，按月生成特殊重点旅客服务统计表。

### 3. 列车客运服务与管理移动终端系统关键技术

#### 1）软件体系架构

合理运用统一的系统架构和组件化模块设计方案来指导系统体系结构的设计，提高系统的适应性和可扩展性，从而可以根据业务需求的变化和业务流程的调整灵活地对系统功能进行调整，在保证用户使用不受影响的情况下适应铁路旅客列车上复杂、多样的业务需求和业务变化。

#### 2）系统接口规范与信息共享技术

系统采用标准化的接口及同步/异步 2 种数据共享机制，保证数据共享的可靠性和一致性，通过 Web Service 调用的方式实现移动终端与列车客运服务与管理信息系统及铁路内部其他信息系统间的安全、可靠的信息交互与共享。

#### 3）在途列车实时追踪技术

在无线网络环境下，通过在途列车上工作人员的移动终端获取列车所在区域的基站位置信息，将具体坐标信息按照设定的时间间隔自动发回地面系统，实现在途列车实时追踪，便于地面人员及时掌握列车位置信息。

#### 4）一体化列车办公

通过基于安卓操作系统的列车客运服务与管理移动终端系统，可以实现基于信息共享的车地一体化客运信息管理功能，推动列车上的无纸化办公。

列车客运服务与管理移动终端系统已经在全路进行大面积推广和试运行，通过搭建信息化管理平台改变了原有的手工作业模式，在列车客运服务与管理移动终端系统试运行过程中，数据的准确性、功能的完备性、系统的安全性、可靠性和可维护性等方面都得到了验证，大大提高了列车客运人员的工作效率和管理水平。

### 任务 4.2　列车客运服务与管理移动终端系统 App

随着移动互联网技术、通信技术的蓬勃发展，移动终端应用和服务逐渐成为焦点。移动终端的 App 应用与 PC 端应用软进行了互联，移动终端通过服务能够访问 PC 端的数据库及文件，实现移动端和 PC 端同步操作。在铁路信息系统中，客票系统已实现了移动终端 App 应用与 PC 段应用互联互通，比如旅客通过 PC 端网站购买了火车票，那么在移动终端也可以查询到购买记录，同时在移动终端也可以进行购票、支付、改签等操作，同样在移动终端的操作记录，也可以在 PC 端网站进行查询和更改，方便了旅客的出行、购票。

目前，在铁路行业的信息系统中，客票系统有针对旅客的手机客户端 App 应用，主要用于售票业务，有针对铁路客运值乘人员的手机客户端 App 应用，主要用于在列车上实现在线补票、查询席位等业务。动车组系统有针对作业人员的手机客户端 App 应用，主要用于在动车组日常检修过程中，车内的检修工作人员填报故障数据、检修作业记录单，以便于实时了解动车组检修进度，实现检修员、质检员和验收员的协调配合，为检修作业工作带来了极大的方便。在铁路客运管理方面，在铁路客运管理信息系统的总体框架下，根据客运管理过程中的业务需求，设计、开发移动终端 App 应用，实现与地面 PC 端系统数据共享，满足客运管理人员及客运作业人员对移动办公的需求，便于客运管理人员实时掌握列车运行的动态信息，为列车运营指挥提供信息支撑。

#### 4.2.1　智能车载客运管理系统概述

基于铁路客运管理信息系统的总体框架，智能车载客运管理信息系统综合利用无线通信技术、网络安全通信技术、嵌入式系统等技术，通过移动互联网、有线网和无线网，面向全路客运管理及作业人员，在手机客户端完成与地面 PC 端系统交互，实现客运计划信息查询，客运业务数据实时上报，车内动态数据实时上报、查询，列车定位等业务功能，真正实现移动办公，提高客运管理水平及作业水平，从而在异常情况下提高快速响应能力。

智能车载客运管理系统具体分为针对客运管理人员的手机客户端 App 应用和针对客运作业人员的手机客户端 App 应用。前者主要实现对客运业务数据的统计分析、计划作业的审批等功能，后者主要通过客运值乘人员实现对客运业务作业数据的上报、列车运行状态实时反馈、数据的查询等功能，以实现客运作业的闭环管理。车载客运管理系统与 PC

端系统功能一致，通过手机客户端与 PC 端全面实现客运管理功能，方便客运业务作业管理，保障客运管理的各个环节能够顺畅衔接，提高客运管理水平。

智能车载客运管理系统的智能性主要体现在以下几个方面。

（1）系统的设计不受移动终端操作系统的限制，能够适应当前主流移动终端操作系统。

（2）车载系统与地面端系统进行数据交互时，通过加密压缩技术，防止数据被恶意篡改和截获，提高数据的安全性。

（3）系统的设计充分考虑了移动终端不固定的特性，根据地面端系统推送的消息等级，设置不同的提醒方式，同时根据列车运行时刻，对列车作业人员进行作业任务的提醒，提高工作效率，防止作业人员遗漏作业任务。

（4）通过结合胖客户端及瘦客户端的优势，设计了车载客运管理系统的智能客户端应用。

## 4.2.2 智能车载客运管理系统设计

### 1. 设计原则

智能车载客运管理系统就是为了解决客运管理人员及作业人员移动办公的需求而设计，主要通过移动终端来实现数据的实时交互和共享。因此，系统的设计应简单、易用、安全、可靠、支持跨平台迁移、易于扩展，应遵循以下设计原则。

（1）系统操作流程简便性。深入优化各个业务之间的关联性，降低业务之间的耦合度，简化操作流程。界面设计友好，美观大方，程序流畅完整，能够清晰识别每个业务功能的操作步骤。减少因流程操作复杂，造成数据的不完整、不准确。

（2）客运管理人员、作业人员易于使用性。智能车载客运管理系统主要是针对客运管理人员及客运作业人员在手机上使用，由于手机屏幕大小的限制、人员操作水平的参差不齐、网络信号的优良等因素都会对系统的使用造成影响，因此，系统的设计应简化数据的重复录入，能够自动完成的，减少人工手动录入，降低错误概率。

（3）系统支持跨平台。系统的设计应满足跨平台业务需求，不受具体移动终端操作系统的限制，移动终端为轻量级应用，而具体的业务逻辑处理、数据集成由提供 Web 服务的地面端来处理，统一的 Web 服务为跨平台应用提供基础。

（4）系统易于扩展性。系统的设计不但要满足当前的业务需求，还需要对新业务需求预留扩展空间。便于新业务功能的开发、升级、维护。

（5）系统资源共享性。充分利用既有软件、硬件资源。系统的设计基于铁路客运管理信息系统 SOA 的架构设计框架，充分利用地面 PC 端系统的 Web 服务，数据集成服务，以及接口服务，实现数据共享，应用服务共享。

（6）系统安全性。系统的设计应充分考虑数据的安全性、网络的安全性。针对业务数据及用户登录信息采用压缩加密方式与地面 PC 端系统进行交互，提高数据的安全可靠性，降低在列车上数据传输的丢包率。同时在网络设置上，利用网闸来隔离移动互联网与铁路办公网之间的数据传输，以保证网络的安全性。

### 2. 系统智能提醒

智能车载客运管理系统主要是面向铁路客运部门管理人员及列车作业人员使用。在列车运行途中，列车作业人员以旅客运输及列车安全运营为首要任务。在列车上，作业时，无法通过实时查看移动终端，来查阅地面推送的重要信息，同时也无法实时向地面系统发起请求，获取本次列车运营的重要操作事项。因此，系统在建设过程中，加入了智能提醒业务功能，以实现高效办公，提高客运作业人员的工作效率，降低错误概率，降低漏项作业，减轻作业人员的劳动强度。

#### 1）智能提醒同步

智能提醒业务能够实现在移动终端与地面端之间实时同步，列车作业人员在地面系统登录后，可以设置针对自己的哪些客运业务进行提醒以及提醒方式。列车作业人员在登录车载客运管理系统后，能够自动从地面系统下载所设置的提醒业务。同时，也可以在移动终端对提醒业务进行更改和删除，并将操作同步到地面系统，这样方便客运作业人员对提醒业务的管理。

#### 2）智能提醒业务

智能提醒的业务主要包括以下几项。

（1）作业提醒业务，如列车作业人员经常使用的上水作业、直供电作业等。系统智能根据列车定位、列车时刻表、停靠站是否为上水站等信息，当列车快到站时，自动语音提示，以提醒客运作业人员及时盯控车站对该列车的上水作业、列车上水是否到位等。

（2）突发应急事件提醒业务，如地面系统实时在后台对全路在途列车的乘降客流人数进行统计、分析，当发现某一车次在某一车站有超过该车次定员 20% 的旅客乘降时，系统自动将客流信息推送到当前当班客运作业人员的移动终端上，以提醒客运作业人员提前做好旅客乘降安排工作。

（3）知识地图提醒业务，指当前客运作业人员所需要的知识地图，如规章制度、应急预案等。通过智能提醒业务，可以将本次值乘过程所需的规章制度、应急预案等文电类信息展示在主页，便于客运作业人员登录后，快速检索。

（4）智能门户提醒业务，将本次值乘中的计划作业、作业任务、个人日程安排、列车沿途各站值班室联系方式等统一集成在智能门户进行提醒。当作业人员登录系统后，可以清楚地看到移动终端界面显示的待阅读事项、待处理作业、个人的日程安排、沿途各站值班室联系方式等与本次值乘相关的重要待办事宜。

### 3）智能提醒方式

系统可以根据用户的设定，对不同的提醒业务进行语音提示、声光提示、震动提示等，以方便客运作业人员及时注意相应的客运作业提醒，尽快完成提醒的作业任务。

通过智能车载客运管理系统，当客运作业人员登录系统后，能清楚地知道在本次列车值乘过程中做什么、什么时候去做、怎么去做等。即使是对工作没有规划的作业人员，也同样不会遗漏所有作业任务，甚至在遇到突发事件的时候，也能够顺利应对。

智能车载客运管理系统搭配智能提醒功能，能够有效提高客运作业人员工作效率，降低客运作业人员对客运作业的遗忘率和拖延率。

## 任务 4.3 高速铁路智能动车组

### 1. 智能动车组技术体系

复兴号智能动车组是由中国自主研制具有完全自主知识产权的智能列车。

智能动车组以安全可靠、经济高效、便捷舒适为宗旨，以信息全方位感知、数据融合处理、科学决策为手段，采用物联网、云计算、大数据、人工智能等先进技术，实现智能动车组自主感知、自运行、自监控、自诊断、自决策、自保护、自恢复等功能，即建立以环境状态智能感知、智能自动驾驶信息交互、智能数据融合处理、智能列车协同控制、智能安全状态监控、智能故障导向安全控制、智能故障预测与诊断、智能旅客信息服务、智能运维信息融合为代表的智能动车组技术体系。实现自感知、自运行、自监控、自诊断、自决策、自保护是智能动车组的功能目标；而信息全方位感知、数据融合处理、故障智能预测、服役能力判断与安全科学决策等是智能动车组的技术特征。

智能动车组关键技术包含智能基础技术支撑平台、智能研发与制造、智能运用与维护、智能运营 4 部分，如图 4-3 所示。其中，智能技术支撑平台是智能动车组功能应用的基础设施，根据其特点可分为通信信息类技术和其他动车组新技术，通信信息类技术主要有有线通信、无线通信、移动通信、卫星通信、存储技术、计算技术、互联网技术等，包含车载信息物联网、车载以太网通信网络、地面云及车载数据存储计算中心、基于 5G 和量子通信技术的车地数据通信网络、基于先进通信网络的动车组 WiFi 覆盖等；其他动车组新技术指半导体新材料、永磁材料、新能源、新工艺等适用于动车组应用的新技术，包含永磁电机技术、涡流制动技术、SiC 碳化硅技术、基于燃料电池技术的车载新能源系统、3D 打印技术等。

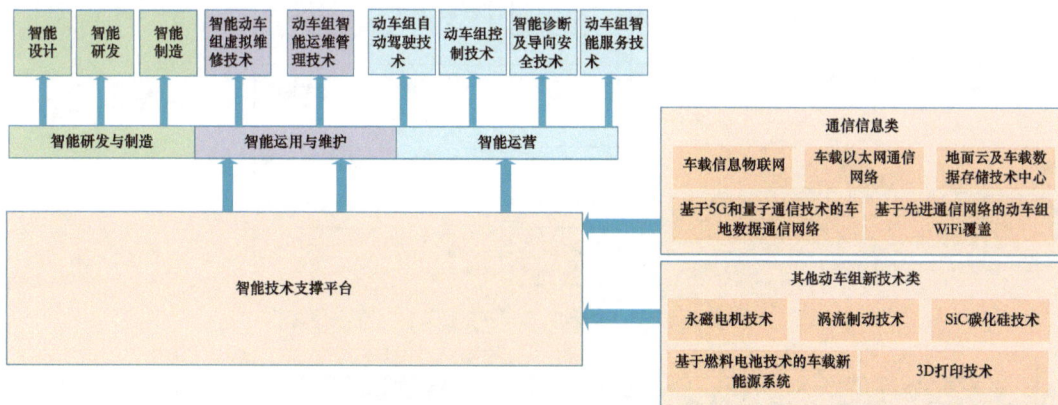

图 4-3  智能动车组关键技术构成

在智能基础技术支撑平台的支撑下，才能实现动车组智能研发与制造、智能运营、智能运用与维护 3 阶段的全生命周期管理。其中，智能研发与制造包含智能设计、智能研发、智能制造 3 个模块；智能运营包含动车组自动驾驶技术、动车组控制技术、智能诊断及导向安全技术、动车组智能服务技术 3 个模块；智能运用与维护主要涉及智能动车组虚拟维修技术、动车组智能运维管理技术等关键技术。

**2. 智能动车组智能服务概述**

高速铁路智能动车组智能服务主要从智能信息提示、服务信息融合、智能环境调节、服务数据传输及智能服务设施应用等 5 个大方面进行应用及业务拓展，典型应用如图 4-4 所示。

**1）智能信息提示**

（1）车内高清电视多信息分屏显示。

如图 4-5 所示，客室电视采用 LCD 分屏显示，将引导服务信息与娱乐视频信息相结合，使列车车厢内显示内容更加多样，显示界面细腻、丰富、美观，便于旅客在观看娱乐节目的同时也可以实时掌握列车的运行状态信息及站点地区的风土人情。

GPS/北斗天线冗余采集列车定位信息，保证动车组运行途中信息显示提示功能。线路信息及信息显示内容（预到站、到站、离站和途中信息显示）预存储在旅客信息系统控制器中，根据定位信息自动触发显示。

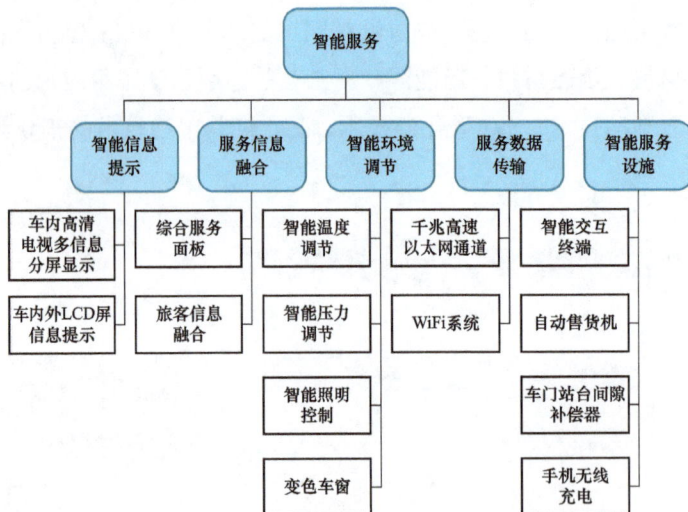

图 4-4    高速铁路智能动车组智能服务智能提升示意图

图 4-5    电视分屏显示

（2）车内外 LCD 屏信息提示。

车内外信息显示通过采用 LCD 信息显示技术，结合 HTML5 技术，实现显示内容多样、显示界面艳丽细腻。车外 LCD 座位号指示功能示意图如图 4-6 所示。车内信息显示实现车次号、车厢号、车内外温度、速度、时间、卫生间占用等信息提示，便于旅客及时了解乘车信息。车外信息显示增加座位号指示功能，提示大小号座椅进门位置，实现人流引导，便于乘客登车及快速找到座位，实现最优车门位置提示。车外 LCD 屏由旅客信息系统控制器控制，可实现根据车速自动熄灭或点亮。

图 4-6    车外 LCD 座位号指示功能示意图

**2）服务信息融合**

（1）综合服务面板。

在商务区通过台设置综合服务面板，对商务区照明、空调、音量、服务呼叫等采用集中控制，确保商务区域私密及车厢环境独立控制。

（2）旅客信息融合。

对车地交互信息及本地视频娱乐信息进行全方位融合展示（电视、交互终端、内外显示等）。

利用车载 5G 天线和移动数据网络，获取电视直播信号、网页资讯等信息，提供电视直播、网页浏览等娱乐信息，通过商务座椅智能交互终端，提供影音点播、手机投屏等娱乐功能。

卫生间增加语音播放器，能够实现卫生间智能语音（禁烟、服务信息等）提示功能，并且能够兼容静音车厢功能。

### 3）智能环境调节

（1）智能温度调节。

采用变频控制技术，增加环境状态的感知测点、优化控制策略，当外部环境条件、人员载荷变化时，各传感器精准反馈温度变化，控制器实时调整工作状态，实现更加精准的客室温度调节，自动适应车辆负荷变化，减小车内温度波动，提升舒适性。同时系统具备异常自动报警及冗余优化控制功能。

具备空气净化功能，可实现杀菌及 $PM_{2.5}$ 除尘。车内安装空气净化装置，采用离子净化技术，高效中和有害化学气体，快速消灭空气中及物体表面的微生物，目标去除率达 80%，释放负离子，保持空气清新。采用 PES/PP 材料，预计 $PM_{2.5}$ 过滤性能达 90% 以上，容尘量大，有最高等级的防火阻燃性能，无味，无重金属，可水洗，安全环保。空气净化装置原理图如图 4-7 所示。

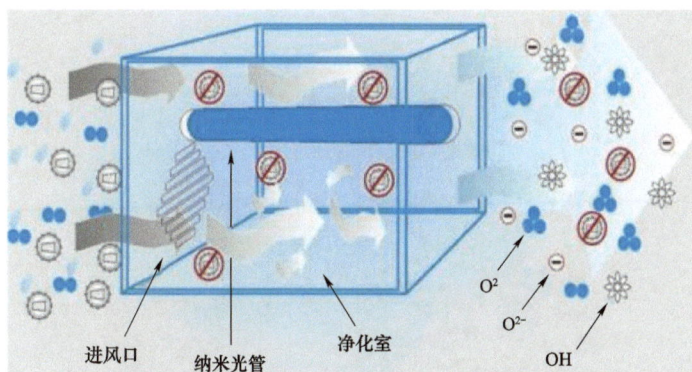

进风口　　纳米光管　　净化室　　$O^2$　$O^{2-}$　OH

图 4-7　空气净化装置原理图

（2）智能压力调节。

动车组在车头两侧设置压力波传感器，当车辆高速交汇或经过隧道时，传感器可感知车外压力变化，并与车内压力值对比，将压力信号转换为电流信号，传递给控制器。压力波控制器接收压力传感器反馈值，综合考虑压差值及压差变化速率，触发压力波保护系统。系统还可结合外部输入的隧道信息提前关闭新风及废排压力保护阀，实现车内压力自动保护。HMI上自动提示故障传感器状态。压力波控制原理图如图4-8所示。

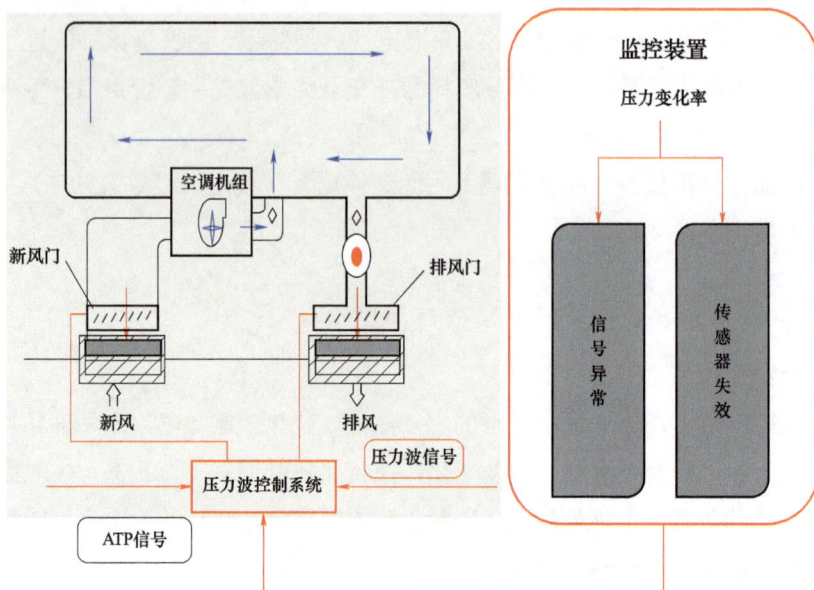

图4-8　压力波控制原理图

（3）智能照明控制。

动车组可根据运行状态、环境变化对车内照明实现色温及亮度的自动调节。卫生间具有智能照明功能，当检测到有人进入后，可自动调节照明亮度。卫生间灯光智能调节功能示意图如图4-9所示。

图4-9　卫生间灯光智能调节功能示意图

（4）变色车窗。

在商务区设置变色玻璃，集成电容触摸屏、染料液晶调光膜，该玻璃可以在透光率0～

30%区间进行变色，通过按键或手滑触控、调整车窗的透光率，适合不同乘客需求的透光效果。变色车窗变色前后对比图如图 4-10 所示。

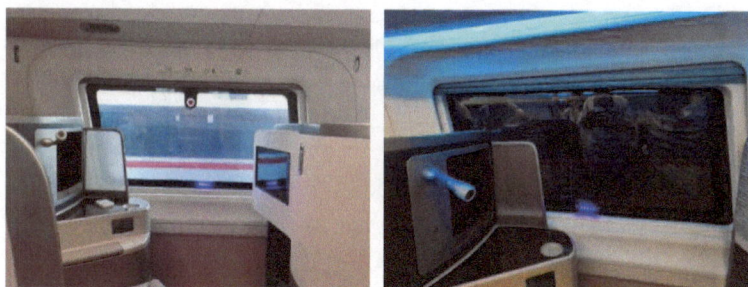

图 4-10  变色车窗变色前后对比图

### 4）服务数据传输

（1）千兆高速以太网通道。

车载旅客信息服务采用千兆以太网（gigabit ethernet）技术，实现旅客信息、音视频信号、车厢视频监控信息、弓网监控信息、手持终端显示信息等高速、大容量传输。

（2）WiFi 系统。

动车组设置 4G/5G 天线、AP、中心服务器与单车服务器，实现车厢内的上网功能。4G/5G 技术，实现车载 WiFi 带宽及速度的提升。配合无线上网 App 为乘客推送资讯、旅行服务信息等多维度互联网信息。利用车载 WiFi，旅客可以使用具有无线局域网接入功能的智能终端接入并实现用户的实名制认证。划分单独 VLAN，避免与其他系统进行数据交互，影响信息安全。WiFi 系统图如图 4-11 所示。

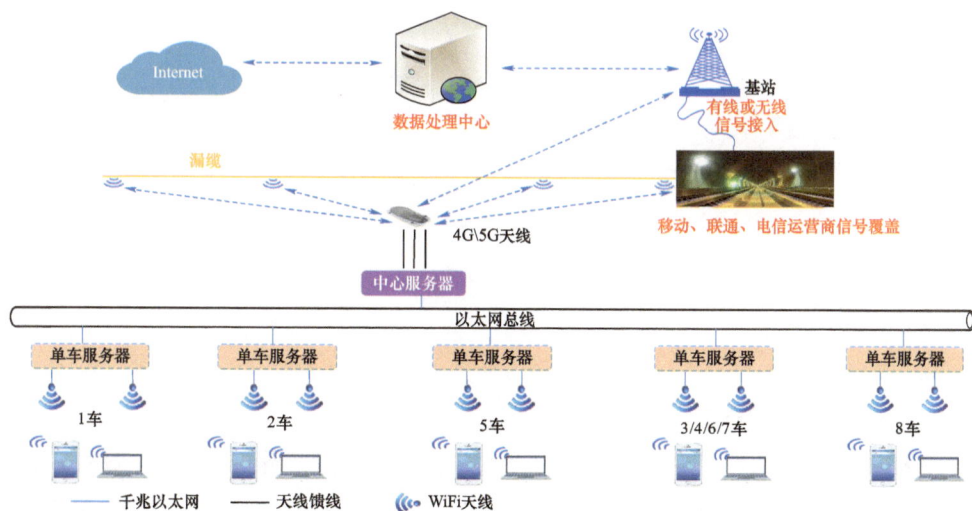

图 4-11  WiFi 系统图

5）智能服务设施

（1）智能交互终端。

动车组设置智能交互终端，集成信息显示、图片查看、视频播放等功能，可实现乘客本地媒体服务点播、电视直播、本地游戏、列车信息查询、旅游信息查询、呼叫乘务员等功能，预留天气、航班、列车时刻等外网信息查询拓展功能、还具有手机投屏功能，实现车载设备与乘客之间的交互。商务座椅智能交互终端示意图如图 4-12 所示。

图 4-12　商务座椅智能交互终端示意图

（2）自动售货机。

在餐车中增加自动售卖机，可自动售卖零食、水果、饮料等，具备自动数据量统计功能，预留自动缺货提示。设置移动数据网络和无线通信板卡，预留与地面后台管理软件数据交互接口。可通过手机界面进行选餐，微信、支付宝扫码支付，付款后出货。实时结算，后台可与各铁路局账户对接。自动售货机示意图如图 4-13 所示。

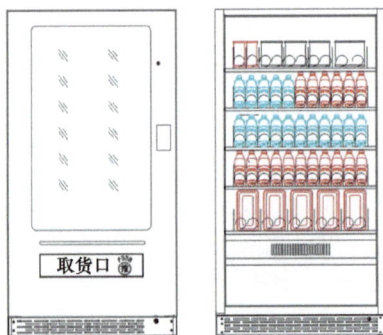

取货口

图 4-13　自动售货机示意图

（3）车门站台间隙补偿器。

无障碍车二位端临近卫生间的塞拉门设置站台间隙补偿装置，该补偿装置随塞拉门联动，自动感应开门状态，当门打开时补偿器翻出，用于缩小车辆与站台之间的间隙，便于有需要的乘客登车使用。

（4）手机无线充电。

商务座椅设置手机无线充电模块，为高端旅客提供便捷充电服务。

手机作为旅客智能生活的重要载体，保证手机电量的充足是动车组考虑便民服务的重要项点，复兴号在增加插座及 USB 等充电设备外，增加手机无线充电模块，为高端旅客提供便捷充电服务。满足市面手机通用 QI 标准，便于商务区旅客实时对支持无线充电的手机进行充电，使旅途更便捷、人性化。无线充电的原理是利用电磁波感应，在发送和接收端各有一个线圈，发送端线圈连接有线电源产生电磁信号，接收端线圈感应发送端的电磁信号从而产生电流给电池充电。手机无线充电主要采用电磁感应技术（Qi 和 PMA 无线充电标准）和电磁共振技术（A4WP 无线充电标准）。无线充电设备安装位置示意图如图 4-14 所示。

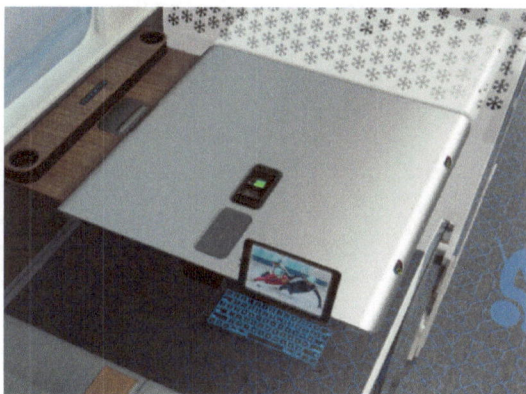

图 4-14　无线充电设备安装位置示意图

### 3. 旅客服务发展趋势

未来，新型智能动车组将进一步考虑旅客乘坐的感受，通过优化列车车厢空调的温度与湿度及列车座椅的姿态，在原有的服务体验之上提升旅客的舒适感。提高乘客信息服务功能体验，在满足旅客上网功能之外，提供影音游戏、外部新闻资讯、餐食外卖选定等功能，提升旅客的娱乐性体验感受。面向特殊人群（残疾人、行动不便者），提供特别的特殊人群生活功能服务，提升旅客乘坐的便利感。

项目小结

总结归纳本项目的知识技能要点，并尝试绘制本项目知识图谱。

├ 本项目知识技能要点 ┤

├ 本项目知识图谱 ┤

# 项目 5
## 智能车站服务技术

## 项目目标

了解智能车站的概念

了解建设智能车站的意义

掌握智能车站的总体设计和技术体系

掌握智能车站的应用架构

了解智能服务机器人的关键技术与应用场景

智能车站是智能高速铁路的重要组成部分，智能车站技术实现了客运服务、车站设备、车站管理等的集中管理和服务。

未来，京张高铁将实现一证通行、刷脸进站。旅客进站乘车无需身份证、车票，只要在 12306 客户端进行了实名刷脸认证，在乘坐京张高铁时可以直接刷脸进站，快速智能乘车。

## 任务 5.1　铁路智能车站认知

高速铁路智能车站是广泛应用信息、通信技术，面向安全、高效、节能运输的目标，通过自动化信息服务和管理控制，实现客、站、车、城交互协调发展的智能综合体。其主要功能包括提供面向乘客的服务信息、面向车站的作业信息、对乘客与车站人员的智能化管理，以及对车站设备的智能化故障诊断与维修管理。

高速铁路车站智慧服务体系构建主要利用 5G 网络低时延、万物互联等特点，融合云计算、大数据及人工智能技术，为旅客提供更便捷、更全面的出行服务。通过智能车站体系可以完善铁路车站服务体系，提高服务效率，降低服务成本。

### 1. 建设智能车站的意义

目前，铁路车站客运服务业务主要包括站内公告、业务咨询、列车查询、正晚点查询、余票查询、乘车须知、车站导航、小红帽、行李寄存和遗失物品认领等，如图 5-1 所示。随着我国铁路事业的快速发展，高速增长的客流量给铁路车站工作带来了巨大考验，也提出了更高的服务要求。传统铁路车站难以满足旅客多元化的需求。

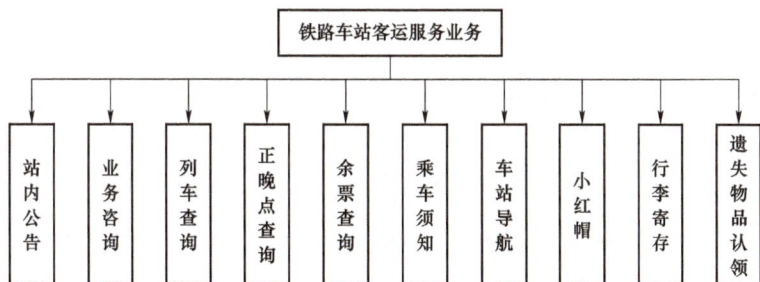

图 5-1　铁路车站客运服务业务

高速铁路车站具有空间结构复杂、设备众多、人员密集且流动性高、业务多元等特点，其不仅是旅客服务和铁路客运营运基地，也是集综合交通、路地协同、商贸物业于一体的城市综合体。当前高速铁路车站广泛存在制约运营管理的瓶颈问题：信息碎片化严重，互联互通存在阻碍；多模式交通衔接不畅，旅客换乘接驳不便；车站独立于城市运营，站城一体化程度有待提高；车站内部分散而治，缺乏整体协同管理。

基于高铁车站以上现状和不足，可知高速铁路智能车站与传统车站相比在信息化水平、运输效率和服务水平方面需要有质的提升。从高速铁路车站的实际业务角度出发，可以把高速铁路车站的智能化需求概括为运输生产需求、旅客服务需求和经营管理需求。

### 1）运输生产需求

（1）综合控制智能化。智能车站的综控是整个车站的大脑，其较传统车站综控的区别主要是信息处理和决策能力。智能车站需要以车站综控室为中心，进行各种生产作业指挥，实现动态接收各类信息，并根据这些信息进行日班作业计划的智能优化，实时更新和发布人员岗位安排、资源智能调配、突发事件决策指挥、网格化巡视监控等。

（2）车站动态作业计划管理。车站作业计划的编制目前仍停留在手工阶段，由于一些突发情况会导致作业计划变更，而当前车站作业计划无法实时更新，从而影响车站作业正常进行和工作人员的管理安排。开发车站动态客运计划管理系统，实时体现作业计划动态变化情况，并根据计划进行派班安排，通过无线网络发送至每个作业人员的手持终端，可更好地指导车站生产工作。

（3）服务工单流转。服务工单由被受理的客户申请业务立项，如失物招领、班车服务预订、餐饮预订、酒店预订等。传统流程效率低、差错多，车站需要更有效率的工单流转系统。

（4）客流预测和预警。车站客流突发事件往往很难进行应急处置，智能车站应根据采集到的动态客流信息，根据市政交通、大型活动安排，以及其他非正常的情况，进行客流动态预测和预警，及时调整人员岗位，调整设备设施应用，启动应急机制等。

### 2）旅客服务需求

（1）定制乘客服务。大数据技术可用于对旅客进行群体分析，以区分常客、VIP 旅行者、企业集团客户和旅游集团客户。根据不同的类别，智能车站提供差异化服务，提升乘客出行体验。应适当考虑某些旅客的特殊需求，如老人、孕妇、婴儿、残疾人等。

（2）智能售票服务。智能售票服务以先进的理念和信息技术为支撑，全面提升系统处理能力。

（3）站内引导。为乘客提供车站内的动态导航路线，帮助乘客直观地了解车站内该点与目的点之间的交通状态，使其在车站内顺利通过。

（4）车站环境保持。为了进一步为乘客创造舒适的候车环境，车站应通过传感装置检测站内温度、湿度、二氧化碳、灰尘、$PM_{2.5}$、噪声、亮度、清洁度等环境指标，并由智能环境控制系统自动调节。

### 3）经营管理需求

（1）信息管理。车站不仅是旅客集散地，还是各种信息的集散地，包括列车运行信息、车站状态信息、工作人员信息、业务流程信息、旅客信息等，目前这些信息碎片化严重，分散在车站不同专业和级别的系统中，有些甚至只存在于临时纸质文件中，无法发挥这些信息的组合作用，而旅客服务和列车运行是连续的，这就导致运行效率降低、旅客服务水平不高。在智能车站中，搭建平台将以上信息进行处理和整合，发挥信息的集成效益，实现互联互通，为信息的综合应用建立基础。

（2）资源管理。高铁车站的设备不仅数量众多，而且分布在车站的各个部位。智能车站需采用集中统一的管理方法，对站内设备和人员进行集中管理，实时掌握设备运行状态、人员工作安排和车站安全状态。智能车站的人力资源管理应包括员工信息、岗位等级信息、培训考试信息、考勤绩效信息、调度计划信息、运营流程管理信息的收集，最终实现人员、设备、运营状态的互联互通和统一管理。

（3）能源管理。智能车站应该建在绿色建筑中。在车站的整个生命周期内，最大限度地节约资源（能源、土地、水等）、保护环境、减少污染（包括二氧化碳排放），为人们提供健康、适用、高效的空间，与自然和谐相处。通过智能能源管理，从设备用电量、房屋使用、设备状况和维护等几个方面降低车站整体能耗。

（4）商业管理。站区商业和休闲区是站内旅客重要的消费和休息区域。当前车站个性化服务开发不足，缺少商业服务、休闲服务等。铁路车站的商业应与车站客流匹配，合理布局，提供宾馆、饭店、健身、购物等服务。枢纽站周边应进行一体化开发以提升乘客出行体验。

### 2. 智能车站建设目标

智能车站建设的目标是旅客无障碍便捷出行、人性化无缝自助服务、安全实时监控、生产高效组织、全面绿色节能。

（1）旅客无障碍便捷出行：通过行程规划、重要时刻提醒、通道按需动态开行、智能精准安检、刷证刷脸检票和一站式换乘等新功能，加快旅客进出站速度，缩短旅客排队时间，实现旅客无障碍便捷出行。

（2）人性化无缝自助服务：通过站内定位导航、多语言智能问询、环境舒适度主动监控、个性化资讯推荐、重点旅客服务等功能，为旅客提供人性化无缝自助服务，让旅客享受出行过程。

（3）安全实时监控：通过对站内重点区域的烟雾、声音、温度、振动等车站安全要素实时监测，对站内重点人员、可疑物品进行辨识和跟踪，做到危险及时报警、快速处置，为旅客提供安全的乘候车环境。

（4）生产高效组织：通过车站作业计划一体化编制、人员设备动态调配、任务自动下发、设备状态实时监测、及时反馈及评价，实现车站作业–人员–设备–设施–环境的协同联动和业务全流程的可视化。

（5）全面绿色节能：通过站内各类设备的按需运行、自然资源的循环利用、新能源的开发、环保材料的使用，降低车站的能源消耗、资源浪费、环境污染，实现全面绿色节能。

### 3. 智能车站总体设计

#### 1）总体蓝图

围绕提高旅客服务、生产经营和开放共享 3 项能力，满足旅客即到即走、无障碍出行的需求，结合铁路客运车站的业务需求，提出"2+1+4+N"的智能车站总体蓝图，即 2 个体系，1 个平台，4 个业务板块，N 个应用。"2 个体系"是指信息安全保障体系和标准化评价体系；"1 个平台"是指智能车站管控与服务平台，也称车站大脑；"4 个业务板块"是指旅客服务、生产组织、安全应急、绿色节能；"N 个应用"是指 4 个业务板块中的具体业务应用，包含既有系统和新增系统。智能车站总体蓝图如图 5-2 所示。

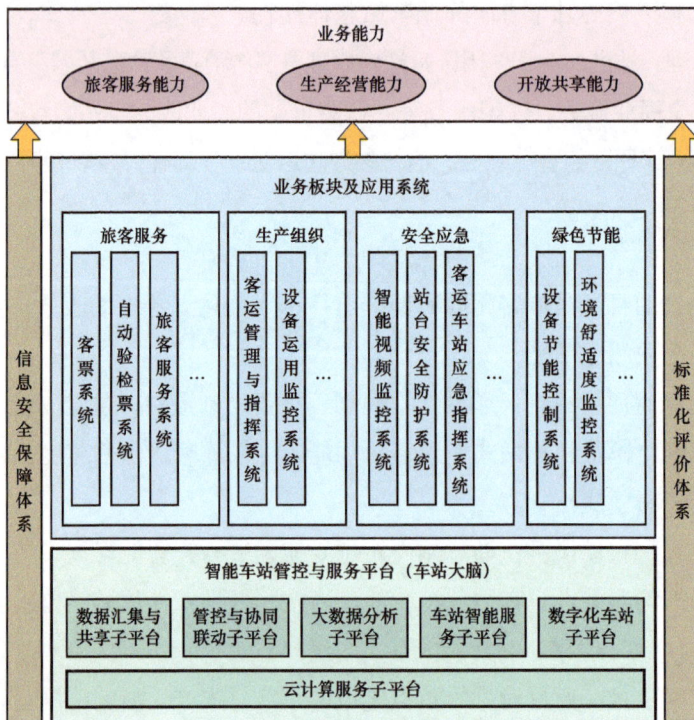

图 5-2　智能车站总体蓝图

　　智能车站管控与服务平台是智能客运车站的大脑，建有可自主学习的旅客服务和生产协同模型，实时监控站内全生产要素的状态并及时预警，自动生成辅助决策指令，实现客运车站的可视、可控和可学习，保障车站所有设备、设施、系统、人员、作业的高效运转，与车站应用互联互通、互不取代，为各应用增智赋能、提供全面支撑，保障客运车站安全稳定运行。

### 2）总体架构

　　智能客运车站采用一级部署、两级应用的总体架构，通过智能车站管控与服务平台联通国铁集团、铁路局集团公司以及车站的客运相关信息系统，实现数据的及时共享、业务的协同联动、过程的闭环管控、服务的精准外延。智能客运车站系统的总体架构如图 5-3 所示。在国铁集团设置接口服务器，从国铁集团相关专业系统获取调度信息、客票信息、列车正晚点信息等数据，并通过广域网实时传输至车站大脑。在铁路局集团公司配置服务器、网络设备和操作终端等必要的设备，部署智能车站管控与服务平台（车站大脑）。平台从铁路局集团公司数据服务平台获取基础数据（站名字典、局名字典、线名字典）和

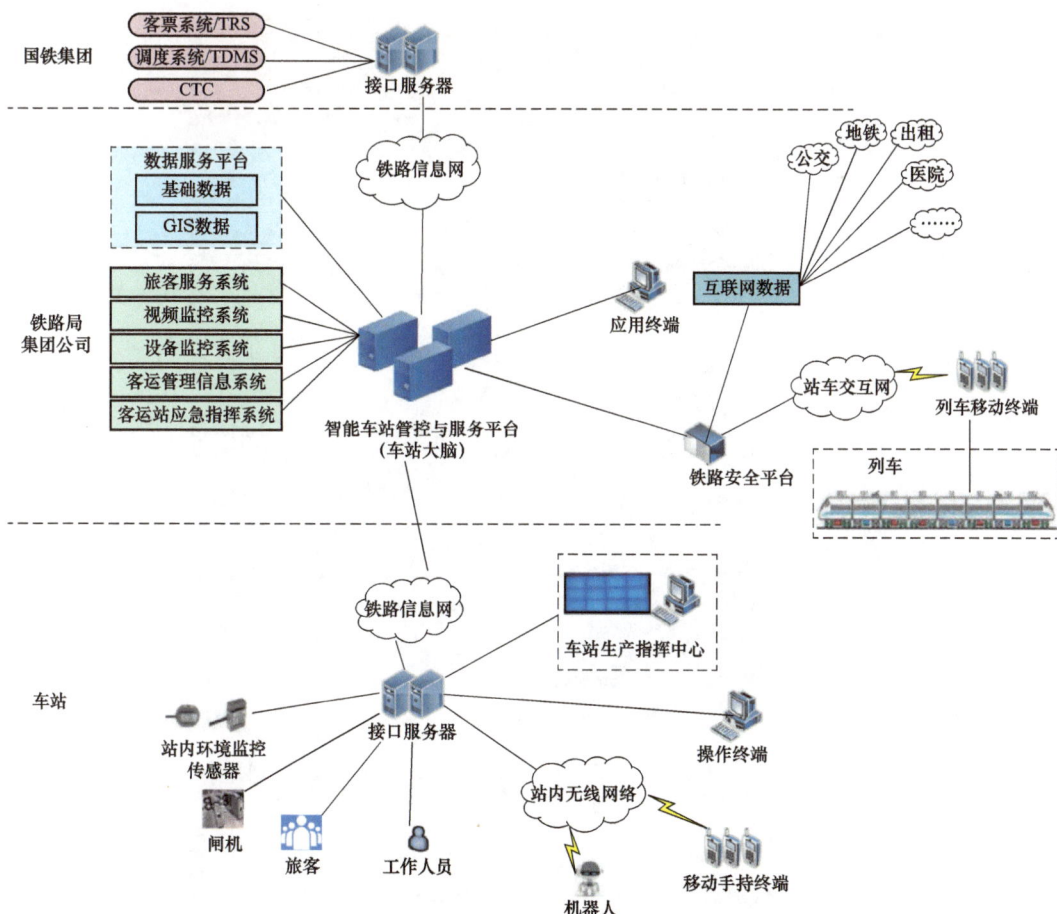

**图 5-3　智能客运车站系统的总体架构**

GIS 数据；从铁路局集团公司相关专业系统获取旅客服务信息、视频监控信息、客运车站设备信息、客运管理信息、应急指挥信息等；通过铁路局集团公司铁路安全平台实现与互联网、站车交互网的联通，获取路外相关信息系统的数据（天气、舆情等）及列车乘务和即将进站的列车信息。车站配置接口服务器，用于平台与站内系统、设备间的数据交互。一般情况下车站不配备主机和存储设备，若特殊大站需要较强的数据分析、视频分析等能力时，可根据情况考虑自身设置相应的硬软件平台。

### 4. 智能车站技术构架

以需求为导向，围绕运输生产、旅客服务、车站管理构建智能车站平台和应用框架。智能车站后台大数据平台与优化计算平台通过车站作业智能终端与前端旅客服务采集基础信息，并接入上级调度指挥平台和其他车站平台等，对基础信息进行分析处理，为车站作业和经营管理各个子系统方案制定提供数据支撑，实现客流、业务流与信息流有机融合和传递，形成闭环智能服务系统，提升车站管理和旅客服务的智能化水平。智能车站技术架构如图 5-4 所示。

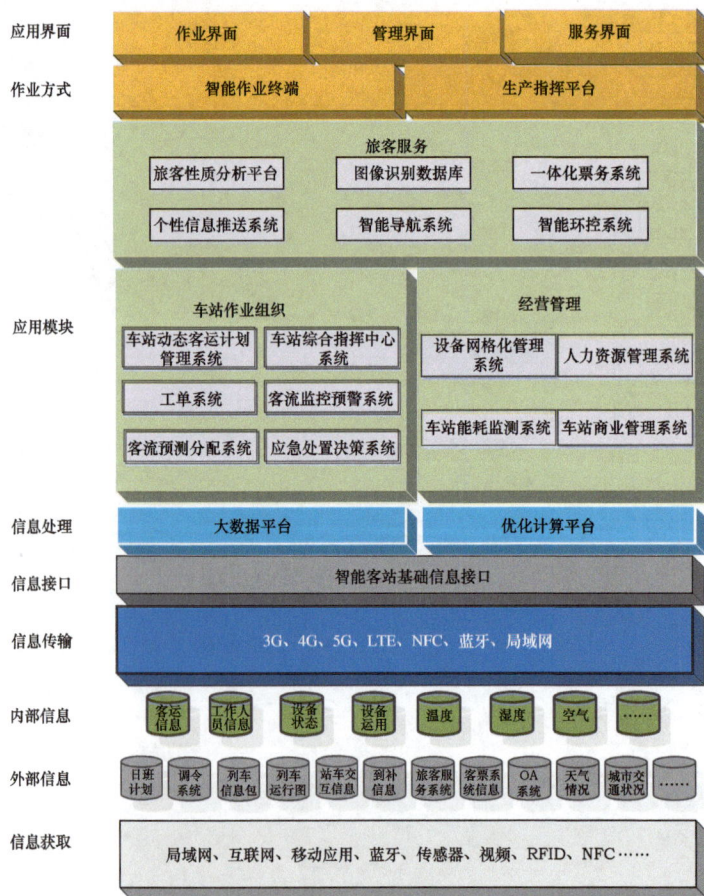

图 5-4　智能车站技术架构

### 1）信息获取

由图 5-4 可知，车站的基础信息数据由外部系统信息与车站内部采集或监测信息共同组成。其中外部信息包括日班计划、列车运行图、站车交互信息、旅客服务系统、天气情况和城市交通状况等；内部信息包括客运信息、工作人员信息、设备状态和温度等。以上信息通过局域网、蓝牙、传感器、视频等技术手段获取，再通过信息传输层的 3G/4G/5G、NFC 等通信手段将各方面信息传输至数据接口。

### 2）信息处理

采集的多源信息由车站大数据平台和优化计算平台进行储存和管理，引入特征提取、聚类分析等数据分析算法和深度学习、图模型等优化算法，融合多源数据，发掘数据演化规律，提取数据多维特征，为车站各应用模块提供相应数据支持。

### 3）应用模块

该部分由车站作业组织、旅客服务和经营管理 3 个应用模块组成，为智能车站作业组织、智能车站旅客服务、智能车站经营管理提供解决方案。

（1）车站作业组织应用模块。车站作业组织应用模块由车站动态客运计划管理系统、车站综合指挥中心系统、工单系统、客流监控与预警系统、客流预测分配系统、应急处置决策系统等组成。可实现车站动态客运计划的优化调整、日班计划的智能编制、车站管理的综合智能指挥、服务工单的流转；动态分配站内的客流，配置优化旅客流线，进行客运组织管理；监控客流状态，进行安全预警；在紧急情况下，将相关决策信息传递给对应工作管理人员和旅客，进行应急处置决策。

（2）旅客服务应用模块。旅客服务应用模块由旅客性质分析平台、图像识别数据库、一体化票务系统、个性信息推送系统、智能导航系统、智能环控系统组成。可实现重点旅客、常旅客、要客、普通旅客的自动识别，提供个性化服务；实现旅客交通接驳、进站检验、站内出行、上车验证、出站换乘全过程的畅通；为旅客智能调控站内体感环境；实现车站内旅客定位、车站各位置定位与引导、车站状态可视、设施设备利用状况可视等，为旅客提供站内服务设施的位置与占用情况，候车地点的拥挤程度与推荐候车区，检票上车点的实时候车信息与路线规划导航。

如铁路车站可以推出"一站式"移动应用软件，打造"一站式"全链条出行服务，旅客通过"一站式"移动应用软件就能了解铁路车站的所有服务信息。同时，可以通过大数据将旅客出行有关的实时客流、气象、交通、公路、民航和旅游等信息资讯整合，提升用户出行体验。再如在铁路车站设置智能厕所，利用物联网技术实现厕位智能引导，让如厕更有序。智能厕所入口的电子屏幕显示厕所内的空间平面图和各个厕位是否有人，旅客可以根据屏幕显示的信息合理安排时间，避免在厕所内长时间排队。同时，旅客可以通过铁路车站"一站式"移动应用软件提前预约厕位等。

（3）经营管理应用模块。经营管理应用模块由设备网格化管理系统、人力资源管理系统、车站能耗监测系统、车站商业管理系统等组成。其可实现设备履历更新、状态监控、运行态势评估和维保计划编制；工作人员岗位情况管理，调整工作人员作业安排，组织人力资源线上学习、考察和测评；监测车站能源消耗状况，车站经营点位、广告位招租与管理，车站商业信息整合发布。

### 4）应用界面

应用界面通过智能作业终端和生产指挥平台向旅客和工作人员展示。其面向车站管理人员提供车站客流分布、列车到发、人员分布、环境监控等全方位运行信息；面向工作人员提供快速联系、协调支援、及时反馈等辅助工具；面向旅客提供站内导航、信息查询和展示、出行方案调整推荐等个性化功能，实现端到端推送。

## 5. 智能车站关键技术

### 1）基于物联网的客运车站运行环境全天候、全区域监测理论技术

以"安全、节能、舒适"为原则，运用物联网技术全天候、全区域实时监测和感知车站候车室、检票口、进站口、出站口、换乘通道等关键区域的人流密度、排队长度、通过速度、移动方向、环境舒适度等车站运行环境信息。

### 2）基于信息、人员、设备、环境的协同联动技术

"车站大脑"通过统一的数据接口实现车站作业、列车、人员、设备、环境等信息实时汇集和共享，依托信息的实时流转打破信息系统独立运行造成的人员、设备各自为战，实现人员、设备、环境的协同联动。

### 3）基于人工智能和大数据的客运车站安全应急决策和处置技术

针对列车大面积晚点、大批旅客滞留、火灾、暴恐等站内各类突发事件的典型场景，结合车站的实际运营状况和应急处置预案，给出科学的决策建议；快速调配站内各类应急资源，及时监控和回传现场状况，保证指令准确、及时下发；实现贯穿突发事件监测、预案、组织、响应、处置、恢复和评估的一体化应急技术。

### 4）基于深度学习和边缘计算的智能音视频分析技术

通过神经网络、深度机器学习、边缘计算等人工智能技术，对车站进站身份核验处、

检票口、候车大厅、售票厅、自动售取票厅、中转换乘通道、电梯等重点区域的视频、图像、音频进行深度学习训练，使机器模拟人完成人脸检测、身份证信息比对、客流趋势监控、客流分析预警等操作，减轻车站工作人员负担，优化客运组织流程。

例如智能车站智能视频监控系统对售票区域、候车区域、站台等关键点的旅客分布和行为进行监控。智能视频监控（intellingent video surveillance，IVS）技术源自计算机视觉（computer vision）与人工智能（artificial intelligent）的研究，其将图像与事件描述之间建立一种映射关系，使计算机从纷繁的视频图像中分辨、识别出关键目标物体，这一研究应用于安防视频监控系统将能借助计算机强大的数据处理能力过滤掉图像中无用的或干扰信息，自动分析、抽取视频源中的关键有用信息，从而使传统监控系统中的摄像机不但成为人的眼睛，也使智能视频分析计算机成为人的大脑，并具有更为聪明的学习思考方式。智能车站智能视频监控系统能有效解决车站综合监控值班室人员定编少、各种操作业务多（语音广播、引导信息发布等），很难长时间地对为数众多的监控录像进行实时观察和监视的问题。通过智能车站智能视频监控系统实时分析对售票区域、候车区域、站台区域旅客分布和行为的视频录像，对安全隐患预先警示和提醒，从而降低车站综合监控值班人员的劳动强度，提高视频监控的效率。

智能车站智能视频监控系统对各区域的具体监控功能如下。

（1）售票区域：对购票旅客在某一局部售票空间人数进行统计，估计购票旅客队列长度，可以与广播引导系统集成，动态引导购票旅客。

（2）候车区域：对乘车旅客在某一局部候车空间人数进行统计，实时识别旅客聚集情况，可以与广播引导系统集成，动态引导旅客候车。

（3）站台区域：对站台旅客的行为进行识别，当在列车进出站时旅客进入黄线区域候车或者进入轨道区域则进行报警提示，从而保障旅客人身安全。另外可以识别轨道区域的落物并进行提示报警，以保障行车安全。同时系统也能对站台旅客聚集情况进行估计，实现对异常的旅客聚集进行提示报警。

（4）办公区域：主要对办公区域的非法出入行为进行检测，从而保障车站办公环境安全。另外可以对售票员、进出站检票员等各个岗位的工作情况进行监控。对非法离岗、睡岗等行为进行检测和报警提示。

（5）设备间：主要对设备间的非法出入行为进行检测，从而保障设备维护检修工作的安全和规范。另外，能够对设备间给定空间的烟火进行检测，以便及早发现火灾报警，从而降低火灾的危险和损失。

智能车站智能视频监控系统关键核心技术是智能视频识别技术，原理是：首先将图像进行边缘检测，然后对物体的轮廓进行描述和表示，根据对物体的表示与描述，再应用人工智能处理和模式识别技术，来识别非法出入、烟火、人群聚集等事件的发生。

### 5）基于生物特征识别的虚拟闸机技术

通过多种检测手段对旅客的指纹、脸形、虹膜、视网膜、手形、步态、声音等生物特征进行采集，采用图像识别、语音处理、智能视频分析等技术对旅客生物特征进行识别，将结果与旅客身份信息和购票信息进行比对，保障已购票旅客正常便捷出行，并对异常旅客进行预警和追踪。

智能验票安检机将刷脸机和安检设备合二为一，实现人物同检功能，极大缩短了验票和安检时间，解决了进站排长队的现象。智能验票安检设备使用人脸识别技术和安检云平台技术。人脸识别技术基于人的脸部特征信息进行身份识别，智能验票安检设备上安装摄像头，旅客走近机器时，自动抓取旅客脸部信息，与身份证芯片里的照片进行比对，票证信息相符、人脸与证件照比对。安检云平台技术利用大数据、智能化、移动互联、云计算、物联网和智能终端等科技手段，实现快速、精确、自动及多目标的智慧安检目标，确保铁路运输安全。

### 6）基于语音识别的多语种交互式旅客服务技术

在旅客服务 App 或查询终端设计语音交互查询服务。基于信号处理、模式识别、发声机理和听觉机理、人工智能等技术，对旅客查询话语进行智能分析，并为旅客提供语音回答。语音交互服务提供多种语言、多种口音的智能识别功能，为不同国家、不同地区的旅客提供无障碍查询服务。基于语音识别的多语种交互式旅客服务技术在 12306 App、智能查询机、智能机器人等场景得到了普遍运用。

智能机器人可以适当减轻工作人员的劳动强度，缓解客流高峰期车站工作人员连续工作的情况，有效提升车站的服务质量。长期以来，车站主要依靠人工和各类引导标识向旅客提供咨询和向导服务。智能机器人的使用标志着车站传统单一的人工服务、标识引导正逐步向智能化和信息化迈进。智能机器人不仅能为旅客提供站内导航、购票和候车等精准的乘车服务，而且可以与旅客进行语音互动交流，解答旅客的各项要求。北京丰台站智能机器人如图 5-5 所示。

### 7）基于数字孪生的高铁车站建模技术

对车站结构信息、设施布局信息等一系列基本数据进行信息集成，利用三维建模软件等专业技术对现实物体进行虚拟模型构建和人机交互平台搭建，实现物理对象的数字化映射。车站运营所涵盖的人、机、房、环等要素全部呈现在孪生系统中，物理系统提供依据和验证，数字系统实现模拟演化，二者共同进化。数字孪生不仅对物理对象进行描述，而且能够进一步融合传感器网络，构建结构化、数值化车站数据，挖掘高铁车站车流、客流、环境等多源异构数据的特征，并基于优化算法完成仿真模型完善和物理对象优化。

图 5-5　北京丰台站智能机器人

## 任务 5.2　智能车站应用架构

前面提到，智能车站总体蓝图为"2+1+4+N"，即 2 个体系，1 个平台，4 个业务板块，N 个应用。"2 个体系"是指信息安全保障体系和标准化评价体系；"1 个平台"是指智能车站管控与服务平台，也称车站大脑；"4 个业务板块"包括旅客服务、生产组织、安全应急、绿色节能；"N 个应用"是指 4 个业务板块中的具体业务应用，包含既有系统和新增系统。本任务介绍"1 个平台"和"4 个业务板块"。

### 1. "1 个平台"——智能车站管控与服务平台

车站的大脑是智能车站管控与服务平台，分为 2 部分：后台数据中心和前端展示界面（指挥中心）。后台数据中心实现数据存储、共享、分析、预警、辅助决策等功能；前端展示界面对基础数据、分析结果、预警信息、决策指令等进行可视化展示。前端展示界面如图 5-6 所示。

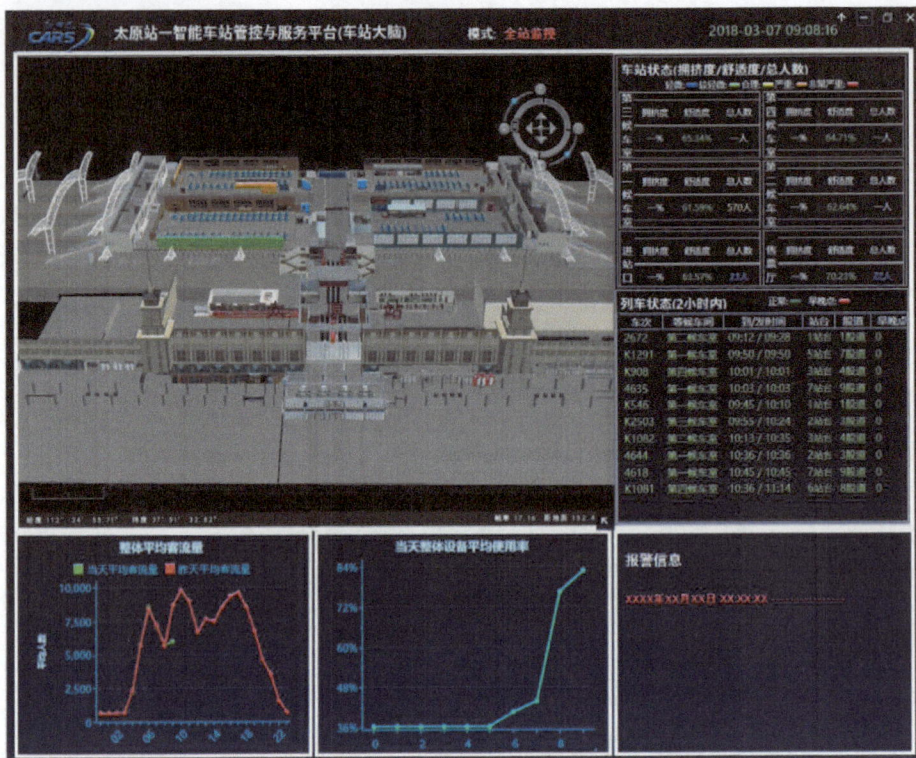

图 5-6　前端展示界面

智能车站管控与服务平台包括数据汇集与共享、管控与协同联动、大数据分析、车站智能服务、数字化车站、云计算服务 6 个子平台和平台管理，智能车站管控与服务平台应用架构如图 5-7 所示。

（1）数据汇集与共享子平台：打破现有信息系统之间数据共享的模式，构建以"车站大脑"为中心的星型数据共享模式，各业务系统与"车站大脑"构建标准化数据接口，"车站大脑"实现站内作业、列车、人员、旅客、设备、环境等全生产要素状态的实时采集，并通过接口与各系统共享数据。

（2）管控与协同联动子平台：利用分析算法和模型实时计算站内拥挤度、舒适度、通过能力、人员和设备响应速度等运营指标，当出现异常时自动发出报警信息，并结合车站的运营状况给出处置建议，进行作业–人员–设备的协同联动处置，实现车站运营状态的智能监控和协同联动。

（3）大数据分析子平台：基于车站运营过程产生的庞大的服务和生产数据，利用大数据分析技术构建面向车站服务和生产具体场景的智能分析模型，构建次日客流、列车正晚点等车站运营核心要素预测模型，并通过实际生产数据与预测数据的比较更新模型；将实际生产数据放入模型中进行计算实验、模拟和验证，自动生成决策建议和新的运营计划，实现基于大数据分析的主动决策。

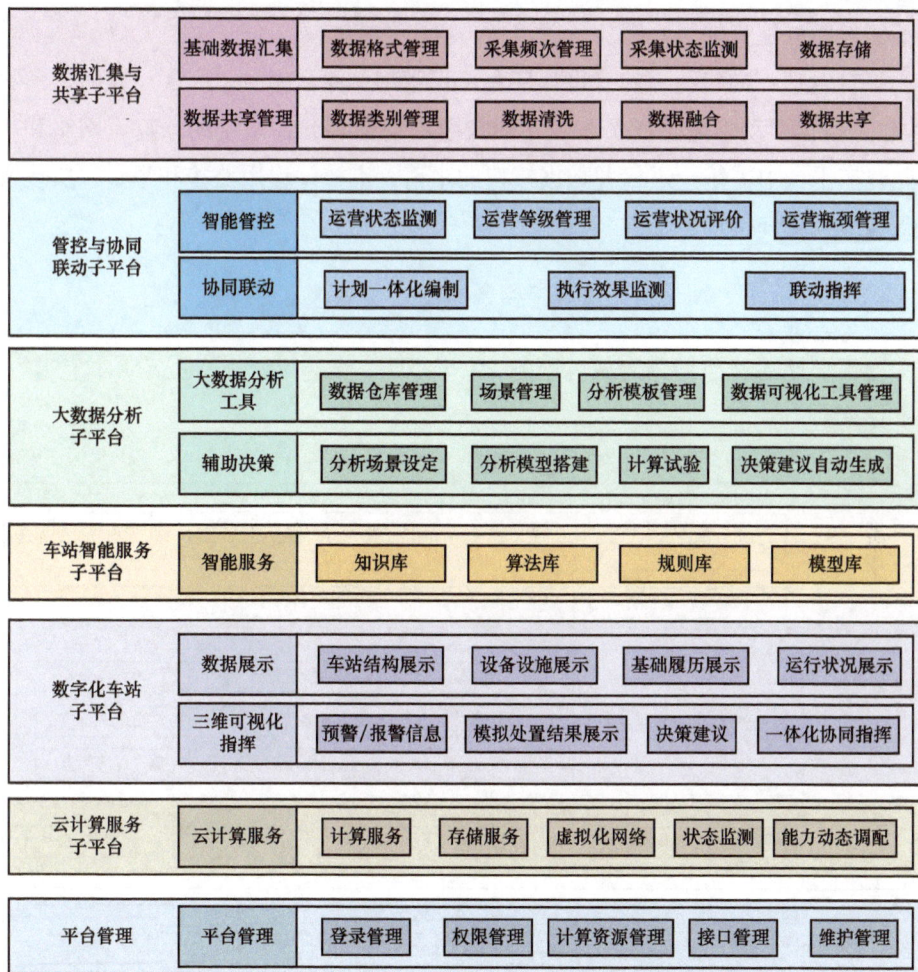

图 5-7　智能车站管控与服务平台应用架构

　　（4）车站智能服务子平台：将车站各业务应用需要的人工智能服务和算法集中在"车站大脑"中，包括专家经验规则库、支撑高并发的实时智能音视频分析算法库、面向服务和生产的语义理解知识库、面向业务分析的模型库等，为站内服务和生产系统、智能机器人、移动 App、站内查询机、操作终端等提供支撑，提升其智能水平。

　　（5）数字化车站子平台：利用虚拟现实+BIM+GIS 技术构建车站 1:1 实景 3D 模型。将站内设备设施、工作人员、业务流程、现场音视频资料等所有生产要素在车站实景模型中以 3D 可视化数字展示，实现基于实景 3D 模型的车站旅客服务、生产组织、安全应急等业务的集成化指挥，利用实景 3D 模型对车站的服务流线、设备协同、应急处置等场景进行模拟仿真，优化流程提高效率。

　　（6）云计算服务子平台：利用云计算技术将部署在铁路局或大型客运车站的客运相关计算资源、存储资源和网络设备进行整合，构建云端服务集群。不再为信息系统配备独立的计算资源，而是在云端服务集群中为所管辖的一个或多个车站动态分配计算资源，实现计算资源的按需分配和使用，避免资源浪费、降低维护成本。

（7）平台管理：构建统一的身份认证和标识管理体系，做到"一人一账号、一物一标识"。构建业务需要动态调整人员和设备的权限，动态划分各系统的计算、网络和存储资源。因此，在平台中需统一进行各数据接口的申请、审核、运用监控和报警，实现管理透明化、配置最优化和接口标准化。

### 2. "4个业务板块"——旅客服务、生产组织、安全应急、绿色节能

智能客运车站的业务划分为旅客服务、生产组织、安全应急、绿色节能4个业务板块，如图5-8所示。

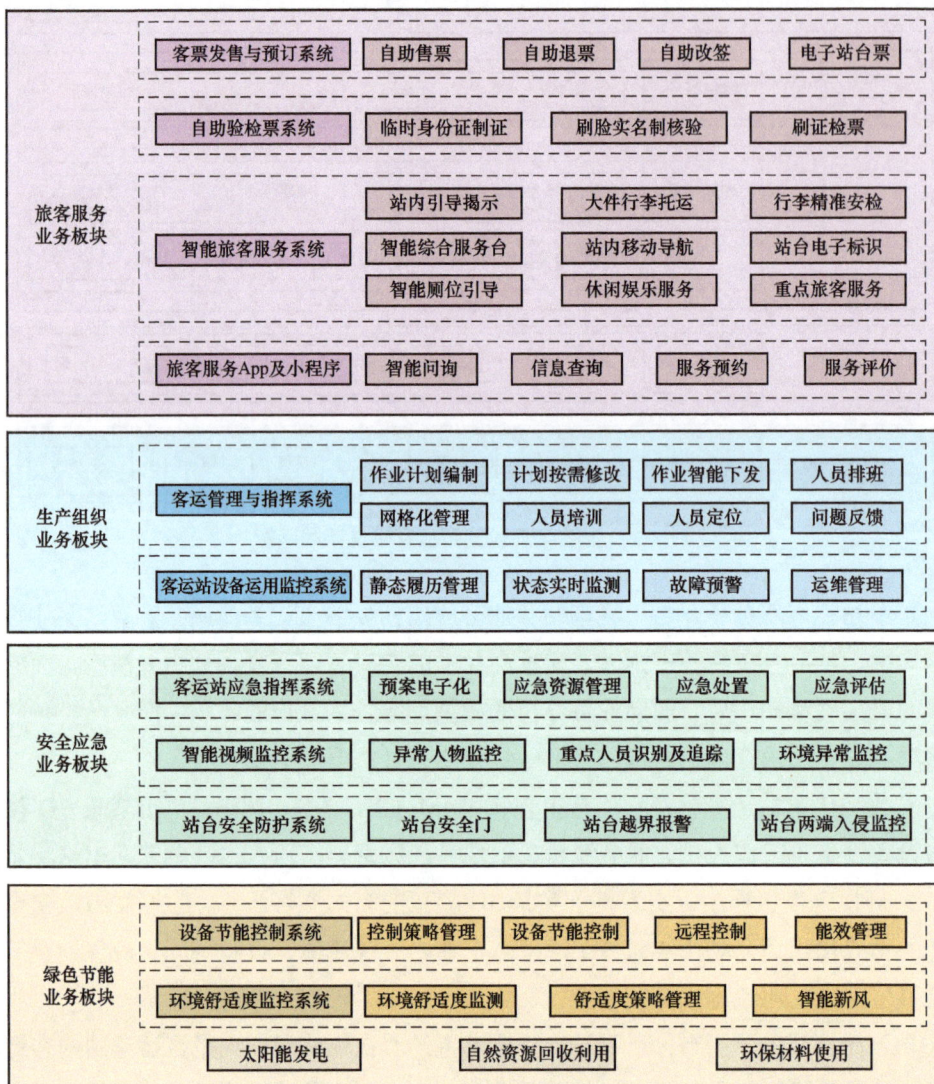

图 5-8　智能车站业务应用架构

（1）旅客服务业务板块：为旅客提供线上线下出行服务，内容涵盖旅客出行的全过程，使旅客拥有便捷、舒适、温馨的出行体验。旅客服务业务板块主要包括客票发售与预订系统、自动验检票系统、智能旅客服务系统（智能服务机器人及智能引导屏如图 5-9 所示）、旅客服务 App 及小程序（智能车站小程序如图 5-10 所示）等。

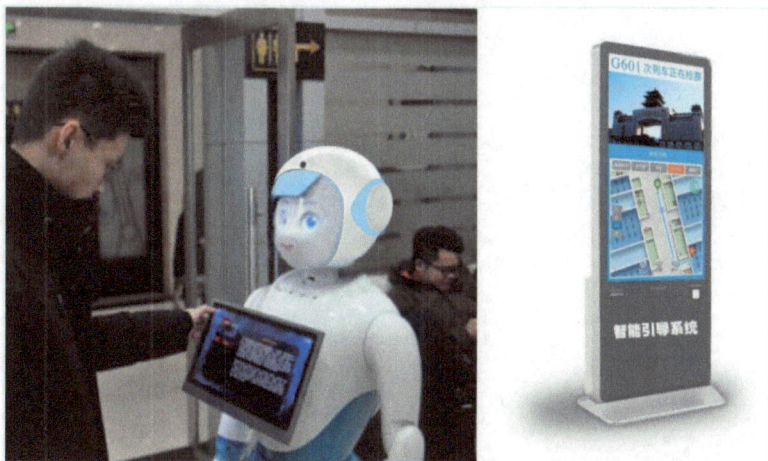

图 5-9 　智能服务机器人及智能引导屏

图 5-10 　智能车站小程序

（2）生产组织业务板块：涵盖站内所有生产作业，通过对工作人员、客站设备的协同指挥，实现更加快捷、高效的业务组织。生产组织业务板块主要包括客运管理与指挥系统及客运站设备运用监控系统。客运站设备监控界面如图5-11所示。

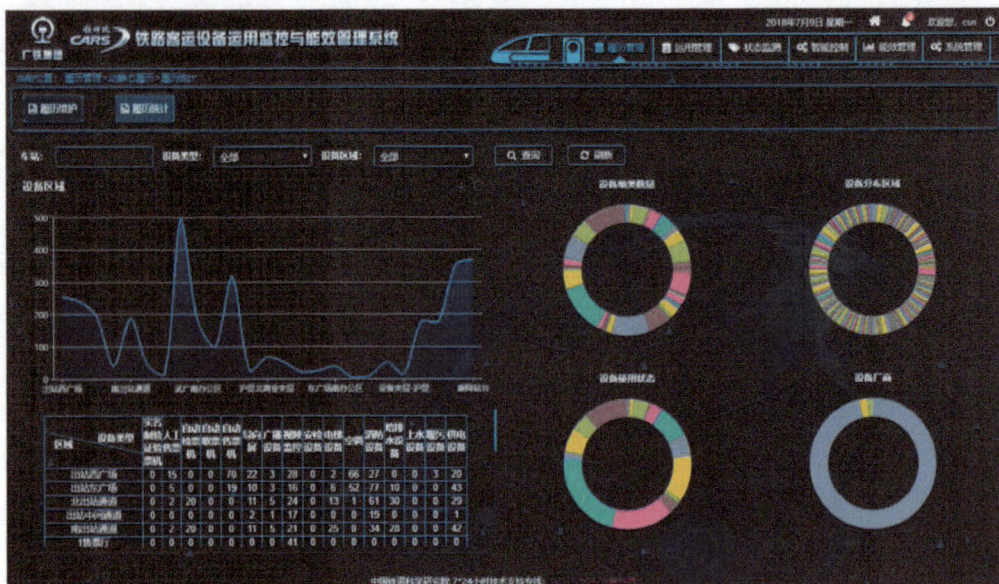

图5-11　客运站设备监控界面

（3）安全应急业务板块：以车站的安全生产、风险管理和危险预防为目标，为旅客提供安全的出行环境及快速的应急处置。主要包括客运站应急指挥、智能视频监控、站台全防护等系统。铁路站车一体化应急指挥系统如图5-12所示。

图5-12　铁路站车一体化应急指挥系统

（4）绿色节能业务板块：从绿色环保、节能降耗的角度考虑车站建设和运营。主要包括设备节能控制系统、环境舒适度监控系统及太阳能发电等。能耗管理及控制界面如图 5-13 所示。

图 5-13　能耗管理及控制界面

## 任务 5.3　旅客智能服务设备应用实例——智能服务机器人

### 1. 开发智能服务机器人的意义

在商场、银行、图书馆、剧院、电影院等公共场所常常可以看到智能服务机器人，一些宾馆酒店的智能服务机器人除了提供信息查询、交互对话、服务咨询等简单的服务功能外，还能提供商品、外卖等物品的客房配送服务。

一段时间以来，在国内的许多铁路车站内，旅客服务机器人投入使用，但大多仅支持旅客进行天气、时间、城市公交、车站公共信息查询，无法实现客运业务咨询。随着电子客票的实施推广，铁路旅客的出行信息更多以电子化的形式呈现，在客流高峰期、列车晚点、检票口变更等情况下，车站 12306 问询台咨询量很大，旅客往往需要排队较长时间才能等到咨询的机会。如果机器人能较好地融合现有客运业务，具备 12306 问询台的部分功能，将给旅客带来极大便利。

智能服务机器人利用人脸识别、语音识别、多轮对话、语音合成等多种智能交互技术，结合铁路客运站相关业务，利用铁路客运站现有设施，提供信息查询、站内导航、常见问题解答、车站大屏显示、车站通知播报等服务。智能服务机器人致力于实现与旅客的无障碍互动交流，帮助旅客解决出行途中遇到的问题，为旅客提供更加自动化、智能化、人性化的服务，从而提升铁路客运站服务水平，成为实现铁路智慧出行的硬件支撑。

### 2. 铁路客运站智能服务机器人系统架构设计

为满足铁路客运站的应用需求，智能服务机器人在硬件设计上配置 2 个显示屏。机器人头部配置小屏，用于用户交互界面的显示；机身配置大屏，用于检票口、检票时间等客运信息的展示。机器人头部还配置摄像头、麦克风阵列等传感器，用于人脸、语音等信息的收集。铁路车站智能服务机器人示意图如图 5-14 所示。铁路车站智能服务机器人整体架构如图 5-15 所示，主要由站车交互接入区和客票网的安全隔离平台、应用接入层、语音交互服务、业务服务等部分组成。在网络安全层面，智能服务机器人采用站车网的接入方式，作为一个等保三级的信息系统，具备足够的安全性。站车交互接入区提供移动设备管理、注册认证、VPN、站车交互接入、安全审计等服务，机器人首次部署需在站车交互接入区进行注册，而后才可以进行正常访问后台的业务服务。客票网应用接入层主要包含语音交互接入服务、人脸识别接入服务及其他应用接入服务。语音交互服务提供语音识别、语音合成、语义解析等服务，支撑旅客与机器人进行语音交互。业务服务包括车站大屏显示、检票信息、车次信息等服务，用于业务查询，辅助语音交互顺利实现。

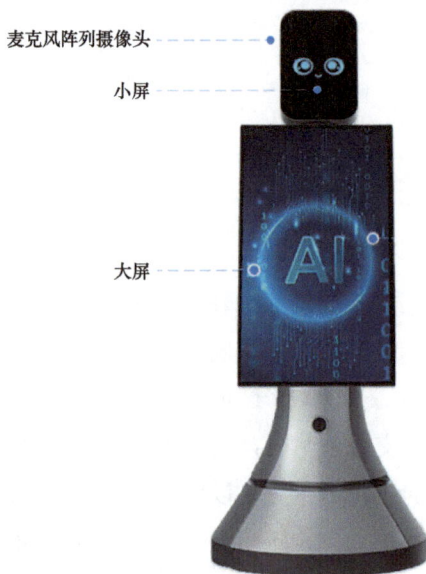

图 5-14　铁路车站智能服务机器人示意图

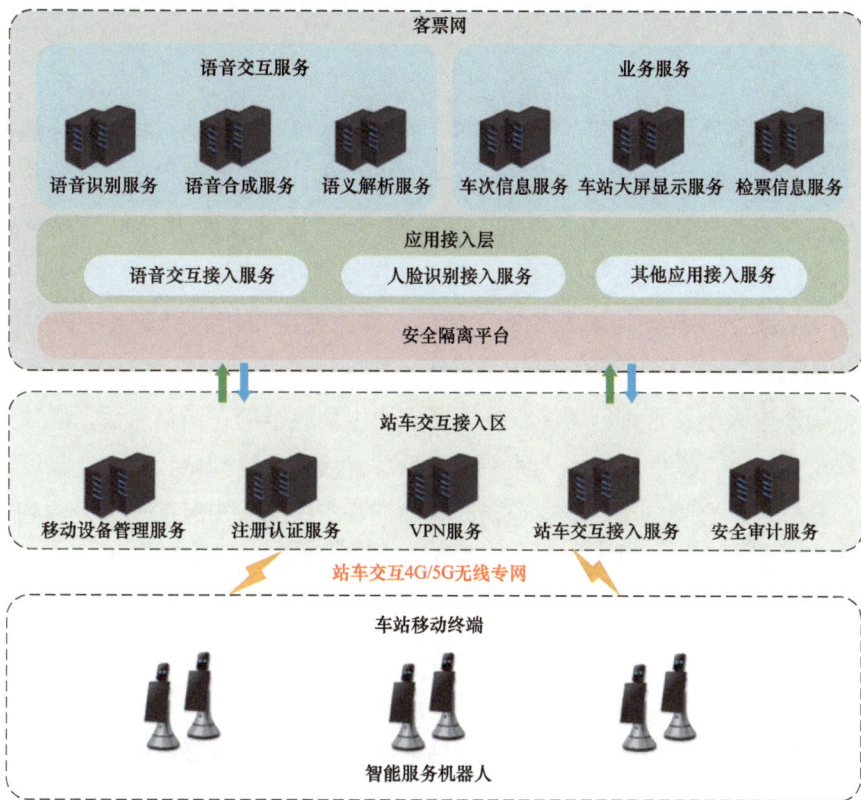

图 5-15　铁路车站智能服务机器人整体架构

## 3. 铁路客运站智能服务机器人功能设计

铁路客运站智能服务机器人提供信息查询、站内导航、常见问题解答、车站大屏显示、车站通知播报等服务。铁路车站智能服务机器人功能结构如图 5-16 所示。

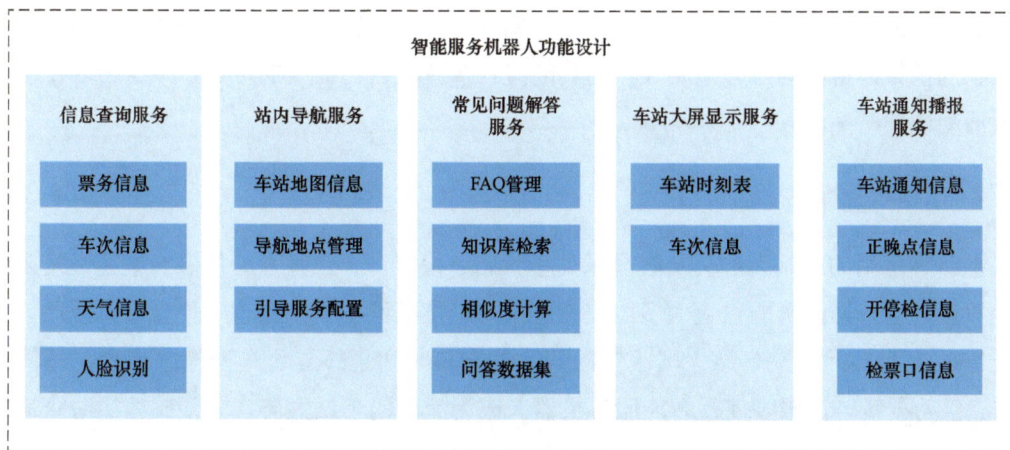

图 5-16　铁路车站智能服务机器人功能结构

### 1）信息查询服务

旅客在出行前需要获取发车及到达时间、候车室位置、检票地点等信息。随着电子客票的推广及普及，旅客依赖智能设备获取乘车信息。然而因候车室变更、列车晚点等情况下无法实现信息查询的旅客，需要咨询 12306 问询台，可能会面临排队等候时间长的问题。因此，智能服务机器人支持信息查询服务，主要包括车票、车次、候车室、检票口、天气等方面的查询，以提高用户操作的便捷性，并为使用传统人机交互手段有困难的旅客提供额外的选择。

车票查询即本人车票查询，智能服务机器人捕捉到旅客的人脸信息后，通过人脸识别技术进行乘车人比对，提供旅客本人的乘车信息，包括始发终到站、发车及到达时间、车次、席位、候车室、检票口等。车次查询即查询任一车次的发车时间和始发终到站信息，旅客不需要进行人脸比对即可进行操作。天气查询即查询出发或到达城市未来一周的天气情况，以便旅客合理安排出行方式。

### 2）站内导航服务

针对不熟悉车站内部布局的旅客，提供站内导航服务。智能服务机器人集成第三方站内地图，为旅客在枢纽内的活动提供精准、便利的导航服务。旅客可通过语音设置导航位置获取导航路线，智能服务机器人得到指令后生成路线并引导旅客前往既定位置。同时预先配置智能服务机器人的引导服务，增设"小心台阶""电梯到了""请这边走"等引导型话语，增强智能服务机器人室内导航服务的互动性。

### 3）常见问题解答服务

常见问题主要为购票、改签、退票、特殊旅客服务等方面的问题，智能服务机器人通过语音交互的方式直接给旅客返回答案，实现常见问题解答服务。常见问题解答服务以标准问题为桥梁，将旅客与答案相连，使其能够直接获取自己需要的信息，减少旅客在信息检索活动中的时间消耗。

### 4）车站大屏服务

铁路客运站的车站大屏会实时显示列车状态、检票口、正晚点等信息，旅客进站乘车多会关注。但车站大屏的位置大多固定在进站口，位处候车室的旅客不便查看。因此，在智能服务机器人上增设车站大屏服务，默认按发车时间正序显示车次检票信息，每间隔 1 min 自动刷新。该服务使得智能服务机器人成为流动的车站大屏，方便旅客实时查看相关信息。

### 5）车站通知播报服务

智能服务机器人可以获取当前站内所有车次信息，包括检票口、正晚点、开停检等信息。当某一车次开始检票后，智能服务机器人会自动到达检票口附近，并循环播报检票信息，以提醒旅客及时检票乘车。此外，可以通过推送服务，将车站通知信息投放到智能服务机器人的屏幕上，同时开启语音进行播报，方便旅客了解站内通知。

铁路车站智能服务机器人界面展示如图 5-17 所示。

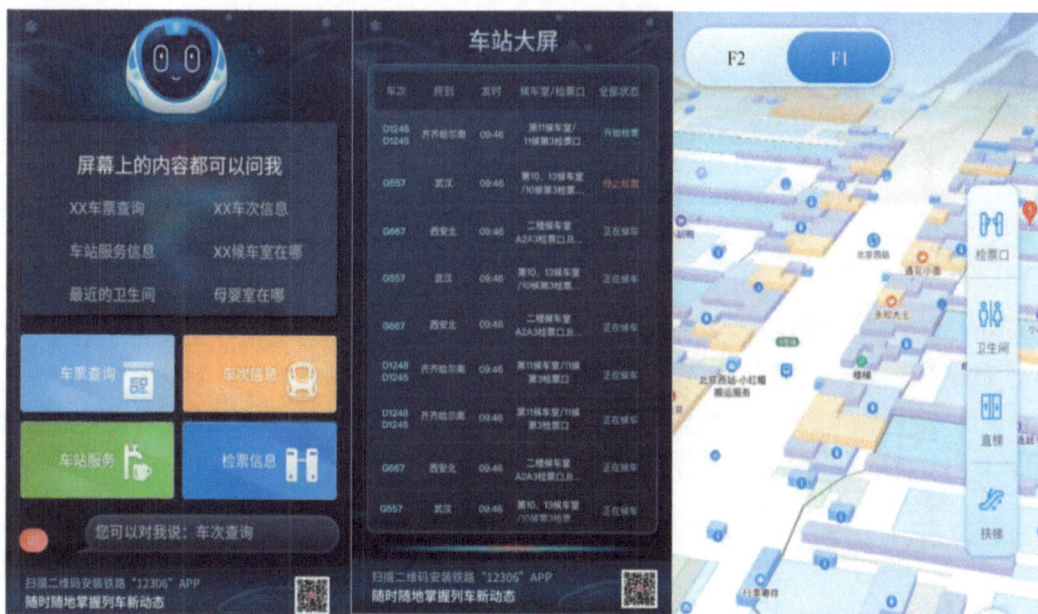

图 5-17　铁路车站智能服务机器人界面展示

### 4. 铁路客运站智能服务机器人关键技术设计

智能服务机器人的关键技术分为 2 部分：一是数据半自动化标注系统，作为底层支撑，用于获取大量模型训练需要运用的数据；二是机器人智能交互关键技术，作为技术中台，用于支撑旅客与智能服务机器人的交互顺利进行。

### 1）数据半自动化标注系统

数据半自动化标注系统分为数据收集、自动化处理、数据保存 3 个模块。数据半自动化标注系统如图 5-18 所示。

（1）数据收集模块。该模块收集公开的原始视频数据，进行人工初步筛选，简单标注文字识别（optical character recognition，OCR）的参数文件。

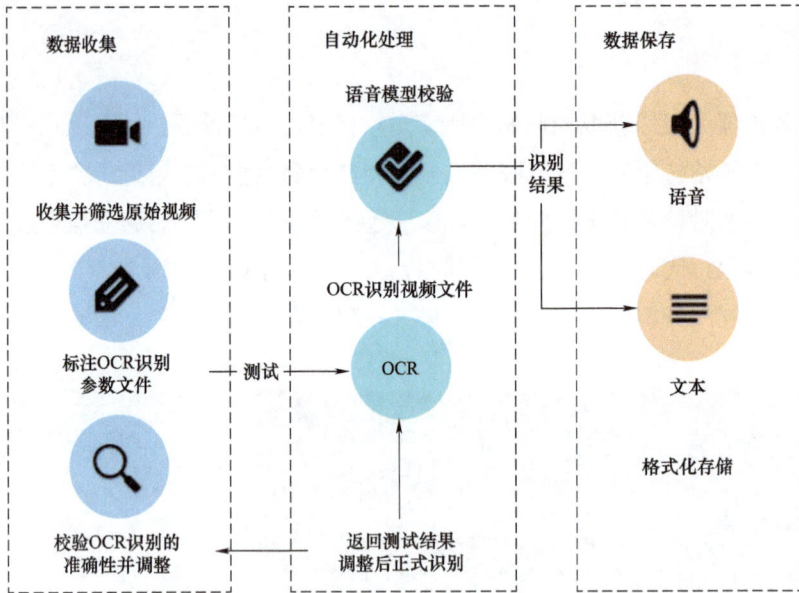

图 5-18　数据半自动化标注系统

（2）自动化处理模块。该模块利用 OCR 识别视频文件，并通过语音模型校验识别结果，完成语音数据集的自动化对齐和标注。

（3）数据保存模块。该模块将识别结果格式化存储为语音/文本数据对。依托该数据处理系统，可收集约 17 000 h 语音数据。

## 2）机器人智能交互关键技术

智能语音交互是使用语音、面部特征的方式与机器进行交互，达成自己的目的的过程，主要基于语音识别、人脸识别、语音合成、多轮对话、端点检测、语音降噪等技术，在多种实际应用场景下，赋予智能产品灵活生动的智能人机交互功能。智能服务机器人交互流程如图 5-19 所示。

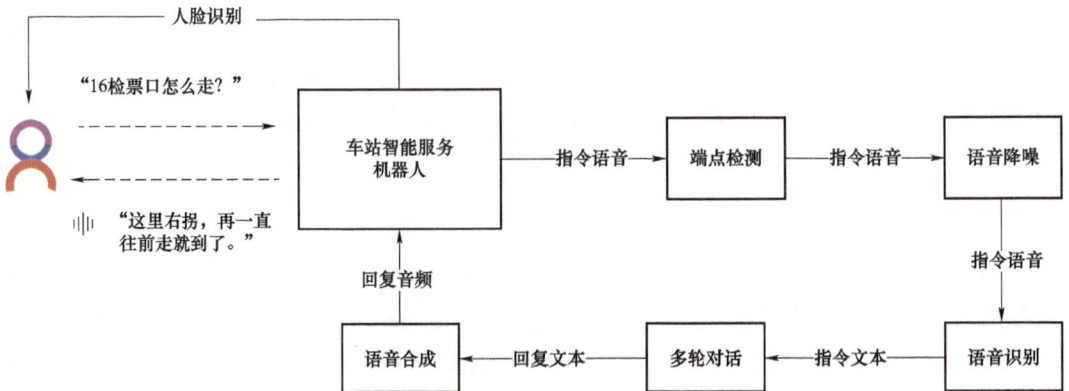

图 5-19　智能服务机器人交互流程

（1）基于深度残差网络的人脸识别模型。人脸识别模型基于深度残差网络（deep residual network，ResNet）的实现，该网络的核心思想是恒等映射捷径连接，可以跳过一层或多层，使得堆积层在输入特征基础上学习到新的特征，解决算法层数过多导致的梯度消失与梯度爆炸等问题，从而拥有更好的性能。考虑到铁路客运站场景复杂，旅客数量多，现场采集人像存在逆光、模糊、大角度倾斜、遮挡等问题，因而人脸识别模型集成人脸识别、人脸检测、人脸遮挡识别和人脸质量分析等功能。该模型可进行遮挡检测、模糊检测、人脸姿态估计，通过设计多任务卷积神经网络，将多个人脸质量属性融合到一个神经网络模型中，大大减少计算量，缩短计算时间，有效提高人脸识别模型的识别速度和准确率。

（2）基于神经网络的语音预处理模型。为满足实时对话和车站嘈杂环境低误触的要求，在识别前先对语音进行预处理，主要为语音降噪和端点检测。语音降噪模型利用生成对抗网络实现，语音降噪模型结构如图 5-20 所示。该网络由一个生成网络和一个判别网络组成，该网络把有噪声的语音数据抽象为清晰语音部分和噪声部分，生成网络产生与清晰语音部分很接近的假数据，优化方向是让判别网络无法正确区分清晰语音与生成的语音；判别网络对数据进行真伪鉴别，优化的方向为正确分辨该数据是由生成网络生成的还是真实的无噪声数据。在训练迭代的过程中，这两个网络持续地进化和对抗，直到达到平衡状态，进而区分有效语音与噪声。端点检测的功能在于把有语音帧的语音部分提取出来，模型采用逐帧判断的方式，通过深度神经网络（deep neural network，DNN）提取更深层的声学特征，再利用长短时记忆网络（long short term memory，LSTM）对 DNN 提取的声学特征进行时间序列维度的特征表达，最后利用归一化函数（SOFTMAX）计算当前帧为语音帧或非语音帧的分数。

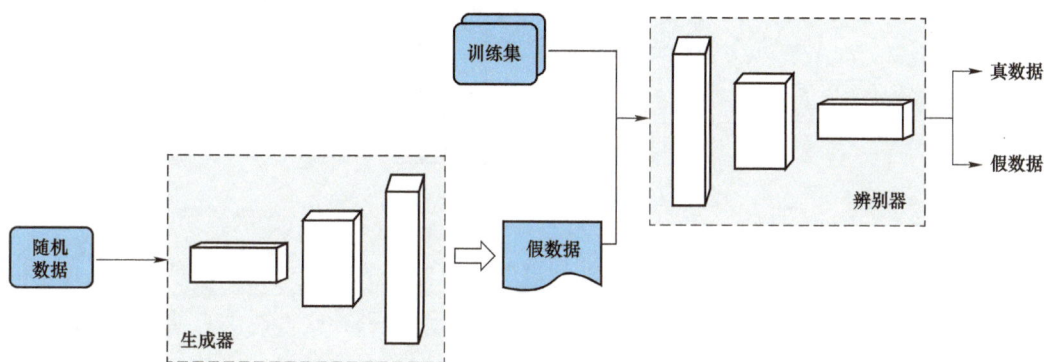

图 5-20　语音降噪模型结构

（3）融合流式与非流式的语音识别模型。由于智能服务机器人需要与旅客进行实时交互，既要达到一定准确率，还要满足实时交互的要求。因此，设计在同一个语音识别模型中实施两次解码，用一个统一的模型结构同时支持流式和非流式识别。语音识别模型结构如图 5-21 所示。基于连接时序分类的流式解码方法利用前缀束搜索，在搜索过程中合并有相同前缀的中间结果，将这些结果的概率相加求和，降低相同前缀的结果各自占部分概率值对模型识别准确率的影响，利用其进行第一次流式解码，该结果可作为流式结果实时返回。多个候选结果再通过基于注意力机制的解码模型、多重语言模型及热词赋权模块进行第二次非流式解码，对流式识别的解码结果进行重新评分。其中，基于注意力机制的非流式解码模型接收编码器传递过来的高层隐藏特征，学习输入特征和输出序列的对齐信息；多重语言模型及热词赋权模块用于提高铁路专有名词的识别率。最终根据得分的结果重新排序，获取更好的识别结果。

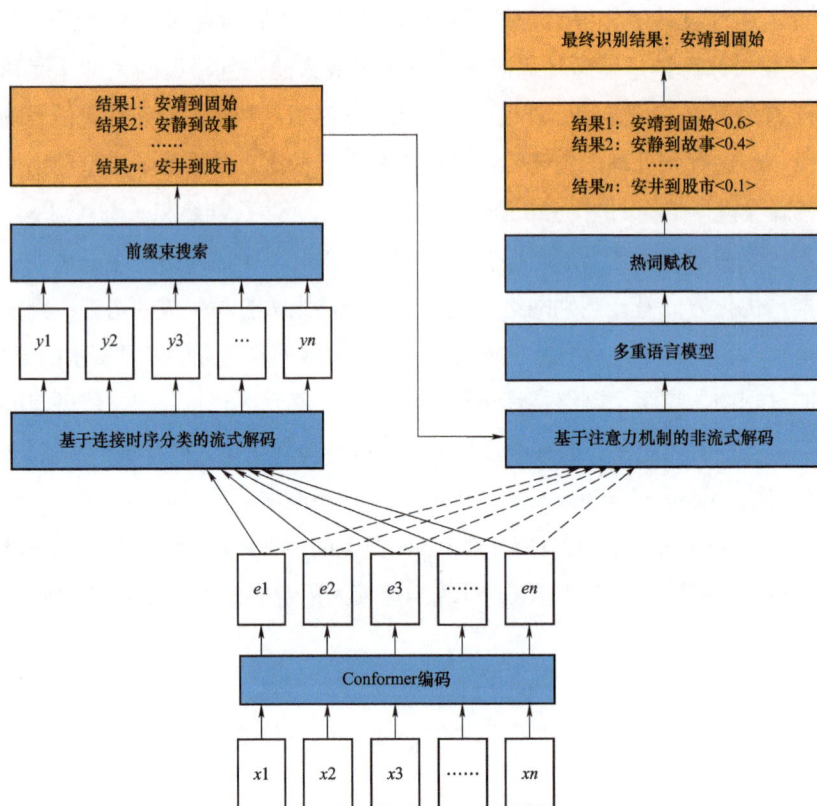

图 5-21　语音识别模型结构

（4）引导式多轮对话技术。在旅客与智能服务机器人的交互过程中，多轮对话技术的作用是初步明确旅客意图之后，自动设计对话流程，逐步引导旅客提供必要信息，最终完成旅客需求。引导式多轮对话技术主要由意图识别、实体识别、对话管理 3 部分组成。意图识别用于把用户的话语对应到不同的业务场景。该模型基于特征值分类对用户的意图进行判别，同时基于规则方法根据意图和词典的匹配程度或者重合程度来进行判断。实体识别用于识别不同业务中需要填充的槽位信息。为更准确地识别到槽位的信息，一方面通过实体识别模型对槽位信息抽取，另一方面基于预设规则的匹配来进行槽位信息的识别。实体识别模型基于循环神经网络（recurrent neural network，RNN）实现。映射层（embedding layer）包含词向量、字符向量及一些额外特征，RNN 通过前向/后向传递的方式学习序列中某字符依赖的过去和将来的信息，条件随机场（conditional random field，CRF）考虑了标注序列的合理性。预设规则匹配是基于规则的方法手工构造规则匹配模板，在构造模板过程中多轮对话服务选用特征包括统计信息、标点符号、关键字、指示词和方向词、位置词（如尾字）、中心词等方法，以模式和字符串相匹配为主要手段，并建立相应的字典。对话管理控制着旅客和智能服务机器人对话的过程，对话管理根据对话历史信息，决定此刻对用户的反应。以最短对话轮次实现旅客需求、最精准回答旅客问题为原则，以建立有温度的对话交流为设计初衷，更灵活、方便、快捷地为旅客解决问题。

（5）基于 FastSpeech2 的语音合成模型。语音合成是将计算机自己产生的或外部输入的文字信息转变为可以听得懂的、流利的口语输出的技术。FastSpeech2 是一个非自回归的语音合成模型，利用方差适配器引入更多的输入来控制合成出的语音，得到高质量的生成语音。该模型从文本直接生成语音，而不是生成梅尔频谱图，拥有更快的训练速度与合成速度。同时，该模型还支持多音色训练与切换，可以满足铁路车站的定制化需求。

### 5. 铁路客运站智能服务机器人应用分析

从智能服务机器人在长沙南站、广州南站的试点应用中发现，其部分功能受到车站与旅客的认可，包含基于人脸识别技术的车票、检票口查询等功能，表明其具备推广价值和潜力。但是在部分应用如站内导航等功能上，暴露出其在某些场景具有一定的局限性。

（1）技术局限性。在语音识别技术的发展中，方言识别准确率与普通话相比较低，且对于一些小规模使用的方言，至今没有好的解决方案。对于此项技术局限性，智能服务机器人在一些普通话普及程度较低地区的车站使用时，其语音相关功能将会受到巨大影响。在这些地区，智能服务机器人仅支持使用基于人脸技术的方式进行车票信息查询。

（2）应用局限性。对于智能服务机器人的站内导航功能，仅适用于一些小型车站，这些车站站内拥挤程度低、车站工作人员有限、导航路径短。但是对于一些大型车站，由于车站旅客多、导航跨度大、站内拥挤程度高，从场景适用性和安全性的角度考虑，智能服务机器人不适用。因此，机器人具有两款不同的设计，一款底部装有可移动轮子，支持站内导航功能，另一款底部不配置可移动轮子，不支持站内导航功能。

智能服务机器人拥有丰富的知识库，结合铁路客运业务，利用车站现有设施，通过人脸识别、语音交互等方式实现人机交流，提供信息查询、站内导航、常见问题解答、车站大屏显示、车站通知播报等功能。从业务角度，智能服务机器人需要在功能性和适用性方面进行探索，以充分发挥机器人的优势，节省车站的人力成本。从技术角度，语音识别的适用范围和准确率作为机器人的关键技术之一，目前仍存在一定的短板。在未来会聚焦方言语音识别技术的研究，推进智能服务机器人在更多地区应用，为旅客提供快速便捷的查询服务，给旅客带来智能舒适的出行体验。智能服务机器人致力于成为车站服务小助手，助力车站提升整体服务水平，使其朝着电子化、智能化方向发展，进而成为实现铁路智慧出行的硬件支撑。

## 项目小结

总结归纳本项目的知识技能要点，并尝试绘制本项目知识图谱。

├ 本项目知识技能要点 ┤

├ 本项目知识图谱 ┤

# 项目 6
# 智能票务技术

## 项目目标

掌握智能票务的技术架构

掌握智能票务的关键技术

了解"出行即服务"理念下的智能票务技术

## 任务 6.1　智能票务技术概述

### 1. 智能票务技术基础认知

在高铁智能运营体系中，智能票务是联系内部管理终端与对外服务终端的重要纽带，是推动铁路智能客运发展的核心组成部分。智能票务的发展目标是推动智能技术与高铁运营相融合，并构建可自感知、自适应的铁路综合客运服务模式，来优化对客运生产服务资源的配置，为旅客提供更好的智能化交通服务，以此来提高整个高铁服务网络的质量。

智能票务是指能够自动辨识用户的显性和隐性需求，并且主动、高效、安全、绿色地满足其需求的服务。智能票务实现的是一种按需供给的智能化服务，即通过搜集客户的出行信息，构建后台数据库，依托需求结构模型，对大体量的数据进行深层挖掘与差异化分析，实现智能商业化升级，不仅要了解客户的出行习惯、喜好等显性需求，还要把握客户的感性需求、实时需求等一系列隐性需求，主动向客户提供精确、全面、扩展性的人性化服务。

智能票务的内涵是立足于我国铁路行业服务的发展趋势，通过"互联网+出行"的深入应用，站在用户角度，通过多维度、多层次的感知，以及主动、深入的辨识，对旅客出行的全过程提供个性化、一站式的客运服务。在解决高铁客运既有问题的同时，大幅提升了旅客出行的满意度和幸福感，实现客运生产组织和客运服务流程的全面优化与重构，是高铁践行"交通强国、铁路先行"的一大举措，也是铁路企业向信息化、智能化发展的一大标志，在高铁客运服务的发展史上具有深远意义。

### 2. 智能票务技术构架

中国铁路客票发售和预订系统作为铁路关键信息基础设施，自 1996 年开始建设以来，经过 20 余年的发展，逐步从车站内的单一客票销售业务系统发展成为覆盖线上（即 12306 网售票系统，包括 12306 网站及同名移动端 App）和线下 3 000 多个客运车站，提供客票销售、延伸服务、营销决策等多项业务的全球最大的综合性票务系统。票务服务也更加人性化、智能化，自主选座、接续换乘、12306 订餐、网约车、铁路旅游、新型票制、高速铁路 WiFi 覆盖等都体现了高铁票务系统的飞速变迁。

随着万物互联、数据驱动、智能决策的数字化时代的迅速到来，高速铁路智能票务的体系框架逐步建立起来，其主要由电子客票、智能售票组织、定制化服务和旅客画像等方面构成，如图6-1所示。

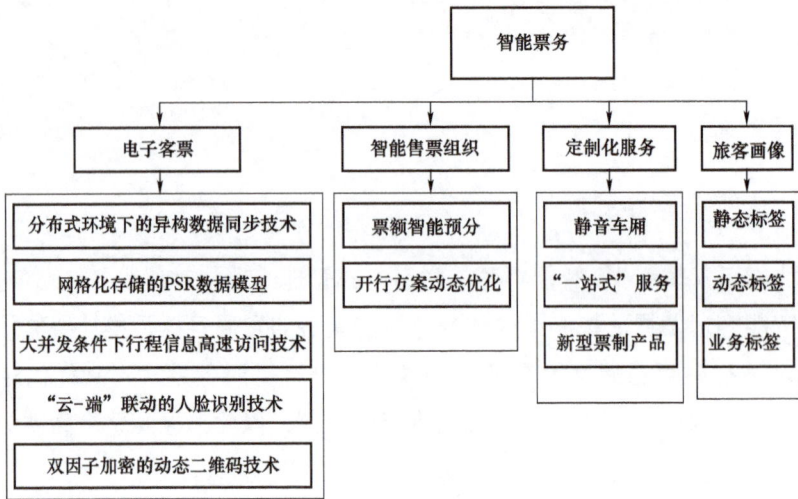

图6-1　高速铁路智能票务的体系框架

### 1）电子客票

铁路电子客票是存储在铁路客票系统中的一种电子数据，是以电子数据形式体现的铁路旅客运输合同凭证，是传统纸质车票运输合同属性的一种电子形式，承载了铁路旅客运输服务所关联的相关要素信息。其内涵包括以下几点。

（1）全程服务信息化。实现旅客从购票、进站、候车、乘车、出站、换乘等全流程的信息化服务，旅客购票后，无须换取纸质车票，凭购票时使用的有效身份证件，办理进站实名制核验、乘车和出站检票、列车查验等手续，客票系统根据证件信息识别证件所对应电子客票的有效性。车票的电子化和全程服务的信息化，能有效消除旅客车票丢失、毁损和购买假票的风险，彻底解决纸质车票存在的问题。

（2）票务服务自助化。对于持可识读购票证件（如二代身份证、港澳台居民居住证、电子护照等）的旅客，无论是进站实名制验证验票，还是检票乘车、出站，或是获取乘车信息、办理车票变更和打印报销凭证，均可通过车站设备自助办理。对于在12306移动端App上完成人证核验的旅客，可以直接使用移动端App里的"检票二维码"检票乘车。对于持不可识读购票证件的旅客，也可通过半自助设备读取购票信息单，人工核验证件后完成手续办理。

（3）线上线下服务一体化。建立线上线下渠道的连通性，打通不同服务渠道间的服务壁垒，实现电子客票全渠道的"一处购买，处处可见"。旅客在12306网售票系统上购买的电子客票，可以在车站窗口办理改签和退票。旅客在车站窗口或自动售票机（ticket vending machine，TVM）上购买的电子客票，也可以在 12306 网售票系统上办理改签和退票。

电子客票作为铁路旅客运输的新型票制，在重塑客运服务流程的过程中，为提升业务办理效率、降低系统复杂程度，相关业务应尽量采用集中式的处理模式。但在集中处置的过程中：首先需要解决既有业务系统数据存储分散、结构不统一的问题；其次需要解决数据集中后在大客流、高并发条件下，海量行程信息的快速查询难题；最后需要通过新技术的引入，改变传统业务办理模式，为旅客提供更为便捷和安全的出行服务。以上功能的实现与问题的解决聚焦于以下 5 种技术。

① 分布式环境下的异构数据同步技术：票务系统是一个集中与分布相结合的系统，分布式架构下不同应用场景采用了不同类型的数据库和文件系统，形成多种数据库、文件系统混合部署状态，为此需要在多个子系统之间进行数据同步。分布式环境下的异构数据同步技术巧妙地解决了关键业务数据的集中存放问题，满足了跨渠道变更及快速验票、检票的需要。

② 网格化存储的 PSR 数据模型：目前旅客出行需求向着多元化方向发展，未来在旅客的出行预订中将出现越来越多的延伸服务内容，为此，票务系统需要构建一个以旅客为中心，围绕旅客出行服务内容的数据结构。旅客服务记录（passenger service record，PSR）数据模型能很好地支撑旅客的个性化服务需要和业务集中办理要求。

③ 大并发条件下行程信息高速访问技术：日均千万客流条件下的高并发数据查询需求，使得普通的关系型数据库无法有效支撑对海量 PSR 数据的巨大访问压力，借鉴互联网售票过程中对海量数据下访问请求的处理经验，研究采用大并发条件下行程信息的高速访问技术来解决查询问题。

④ "云-端" 联动的人脸识别技术：基于 "云-端" 联动的铁路人脸识别技术解决了自助实名制进站过程中 "人-证" 一致性的自动核验问题，在电子客票条件下为应对铁路复杂场景下的人脸识别难题，如闸机摆放位置导致摄像头逆光、人与证件间图片年龄跨度过大、既有闸机硬件设备性能偏低等问题。

⑤ 双因子加密的动态二维码技术：鉴于手机二维码学习成本低、使用便捷的优势，铁路将其设计成为电子客票的载体之一，但其表现形式是一张二维码图片，需对其内容进行安全加密，因此，电子客票将双因子加密后按时间动态更新的二维码作为其识别码来确保安全性。

总的来说，电子客票的全面推广应用是中国铁路客运服务的一项庞大的基础性工程，是推动铁路智能客运发展的核心组成部分，既关系到千万旅客的出行感受，又关系到铁路现代化客运服务体系的建设。通过对电子客票各项关键技术的研究和客票系统架构的升级，实现了纸质车票运输合同凭证、乘车凭证、报销凭证三大属性的有效分离，在彻底解决纸质车票既有问题的同时，大幅提升了旅客出行的满意度。

**2）智能售票组织**

智能售票组织是指在现有售票组织的基础上，引入精细化的有座席管理和无座席/自由席存量管理相结合的席位管理方式；以营销自动生成售票组织策略加上人工辅助调整，实现席位调整的自动化和智能化；同时提供方便、快捷的操作手段，提高业务操作的工作效率。

售票管理需遵循公平、公正、公开的原则，规范权限管理和设备管理，完善业务量统计和考核机制，加强关键业务的卡控和监控，规范业务操作，提高业务管理效率，建立信息沟通机制和平台，实现信息共享，为相关部门提供数据支撑，通过对数据的处理进行票额智能预分与开行方案动态优化。

（1）票额智能预分。以客流分析和预测为基础，在预售期外对席位进行合理配置，在预售过程中根据销售进展和客流情况进行动态调整，实现席位资源和客流需求的最佳匹配。票额智能预分核心功能包括列车站间客流预测和票额自动分配。在数据方面，采用预售数据结合历史数据，建立海量数据样本训练模型，增强预测实时性。在技术方面，利用大数据技术分析旅客信息和售票数据，融合线下的沙盘演练数据区与线上的预测算法区，构建客流预测系统，通过建立时间序列、线性回归、指数平滑等适合不同场景的预测模型，实现列车客流 OD 预测、车站客流 OD 预测、票额智能预分，为全国铁路发送量预测提供科学依据。

（2）开行方案动态优化。在客流预测基础上，结合运力资源配置情况，对旅客列车的运行区段、运行径路、列车种类、开行对数、编组内容、停站和动车组运用方案进行动态优化调整。

**3）定制化服务**

伴随高铁服务意识的提升，定制化服务的相关理念被提出。定制化服务是指为不同人群提供适合的高铁客运服务方案，旅客可以自主选择自己最满意的服务。这种定制化服务作为一种更加高水平的服务水准，让无形的服务释放更大的价值，从而收获旅客的满意度。"静音车厢"为喜欢安静的出行环境的旅客量身打造，从而获得更加美好的感觉。"一站式"服务对重点旅客乘车全流程进行重点服务，让旅客感受温馨。而"新型票制产品"让相对高价的商务票变得更加亲民，并且在享受折扣票价的同时也能享受同样高水准的优质服务。一系列的定制化服务新举措都体现着高铁服务正向着智能化、人性化方向发展。

沪苏通铁路推出了 30 日定期票、20 次计次票的新型票制产品，以方便上海、苏州、南通三地商务差旅和通勤旅客出行；京津冀区域内的京津城际铁路也推出了类似的客运产品。对商务、通勤旅客这类出行频繁的旅客来说，购买"定期票"和"计次票"等新型票制产品，是十分划算的。持有者凭借新型票制产品"一卡多次"出行，可以跳过出行购票等环节，有效节省出行时间，提高出行效率，同时，也能享受票价打折的福利。

铁路部门和地方政府共同携手，将高铁站融入了旅游产业链，旅客在高铁站就能享受"一站式"吃、住、游、购、娱的乐趣及延伸服务。比如，广铁集团在管内旅游资源丰富但交通不太方便的溆浦南站，便采取了"高铁+索道"这一新的游览方式，即从溆浦南站建索道直达风景区，让旅客从高铁站出发，乘坐直达景区的空中缆车游览雪峰山景区。这一打破常规的新模式，成功地抓住了地方政府开发旅游资源的契机，实现了路地两家的完美合作，把高铁站完全融入旅游链条，使旅游与高铁紧密结合，打造了全新的旅游品牌。

#### 4）旅客画像

铁路旅客画像系统是对以铁路为出行方式的既有旅客和潜在旅客进行数据建模，以不同的数据维度对旅客进行刻画。通过对旅客的静态人口属性、动态行为偏好等主要信息进行建模分析，抽象出易于理解的语义标签并形成一个用户的信息全貌。

用户画像系统可以帮助企业管理者区分不同的客户群体，分析不同群体间的需求偏好差异和行为特征差异，并对不同客户群体制定更有针对性的营销策略。受限于客运产品具有不可贮藏性，铁路客运具有社会公益性等一系列行业性质特点，铁路客运目前无法将运能与客运需求完全结合，灵活调节客运产品定价以适应市场实际需要，此外铁路客运部门的业务偏向于如何管理生产，而并未有效地对旅客运输市场的各类信息进行总结、承担营销任务。而基层客运管理部门尚不具备全面开展客运市场调研的能力。因此，针对客运产品进行推陈出新时，铁路部门显得力不从心。结合铁路客运部门业务现状，运用旅客画像系统便可以在旅客群体行为特征分析、日常客运营销策略研究、节假日客运营销策略研究与精准营销策略研究方面进行对接并提供业务上的帮助。

## 任务 6.2　智能票务关键技术

智能票务的总体目标是：依托广泛的感知体系，围绕客运服务整体链条，实现旅客出行无感化、业务办理自动化、资源共享化、服务集成化，为旅客提供全流程闭环的自动化感知客运服务；综合铁路、联运方、社会方及旅客的信息，进行统一的集成与整合，依托新一代网络通信技术及信息安全技术，为旅客提供综合一体的网络化服务；在多种渠道出行全行程中，依托智能感知获取旅客需求，结合增强现实、虚拟现实、人工智能技术，通过深度学习、遗传算法等方法增强服务决策能力，实现旅客的智慧出行。智能票务的关键技术包括票务服务的感知自动化、服务网络化和执行自主化等相关技术。

（1）感知自动化：主要通过采用多样化的自动感知技术，实现各生产要素状态的全面感知，通过对生物特征识别技术、可视化交互技术等的研究，实现对旅客身份及客运服务需求的获取及分析。以铁路产品为基础，通过智能化的感知与执行，建立全面的资源整合模式，以智能分析和处理为手段，形成旅客、运营人员、设备、环境的泛在互联与智能感知，为旅客营造便捷畅通、温馨舒适的出行环境，推动铁路客运服务的创新发展，实现个性化、差异化服务模式。

（2）服务网络化：主要通过对联运信息融合技术、人机交互技术、共享融合技术、协同联动安全服务等的研究，构建广泛互联的信息共享机制，以铁路客运信息为基础，融合处理国内航空、公路、水运及国外交通行业等综合信息，通过各类信息广泛、安全可信的交互，形成以铁路电子客票为核心，涵盖不同出行目的的多样化客运延伸服务网络体系，实现"人员-设备-环境-列车-地方"等多类型服务信息的深度融合，形成旅客出行综合交通一体化服务模式，提升旅客出行体验，提高智能票务质量。

（3）执行自主化：主要通过对人机协同相关技术的研究，以智能分析和处理为手段，全面整合铁路运营管理数据、铁路客运数据、联运数据、其他社会数据及用户画像等信息资源，为智能票务提供基础源泉，将新一代人工智能与铁路客运服务需求深度结合，形成基于智能识别、人工智能的全程自助智能化客运服务模式，并通过深度学习、智能算法优化，实现智能决策的主动执行，形成智能感知、决策及执行的集成化服务体系。

未来，随着云计算的发展，MaaS+也逐渐成为研究的焦点。作为一种未来智慧出行的新生态，MaaS+是通过收集、耦合、加工与出行相关的出行服务信息，为用户提供个性化出行方案的全出行服务模式，旨在满足用户交通出行中的其他延伸性服务需求，提升全行程的服务质量，实现全行程无缝衔接、随心所欲。

## 任务 6.3 "出行即服务"与智能票务技术

### 1. "出行即服务"

#### 1）概念

"出行即服务"（mobility as a service，MaaS）主要强调技术的作用、生态的构建和交通方式的整合。理想化的 MaaS 平台打通了火车、地铁、公交、出租车、共享汽车、共享单车等多种交通方式的壁垒，用一个 App 搞定所有交通方式的查询、下单和支付。

全球第一家 MaaS 平台是由芬兰的 Whim 创建的，Whim 官网对 MaaS 的解释是：MaaS 是结合多样化的交通方式，可以用一个平台的服务让日常的出行更便捷，其核心是用一个平台完成从出行计划、路线规划到预定购票和支付等的所有事务。近年来，随着我国交通基础设施建设和数字化进程的加快，交通行业不断进行智能化服务升级，多种交通运输方式相互统筹融合，各大城市管理者及交通行业专家都对 MaaS 平台给予高度重视，从政策方面给予了大力扶持，技术平台构建也日趋完善。

MaaS 平台一般由服务提供商、政府部门、交通运营商、数据提供商、用户等主体组成，如图 6-2 所示。其中，服务提供商通过整合交通运营商的服务平台、交易平台等资源，不断调整和优化出行服务，是 MaaS 平台的主体；政府部门作为政策制定、财政支持和市场监管者，为 MaaS 平台提供硬性和软性政策支持，可为 MaaS 平台提供方向性引导；交通运营商为 MaaS 平台提供铁路、航空、公路、水路等载运工具、载运能力；数据提供商提供地图、通信、出行者信息等数据分析服务；用户支付一定费用后，可享受无缝衔接的智能出行服务。

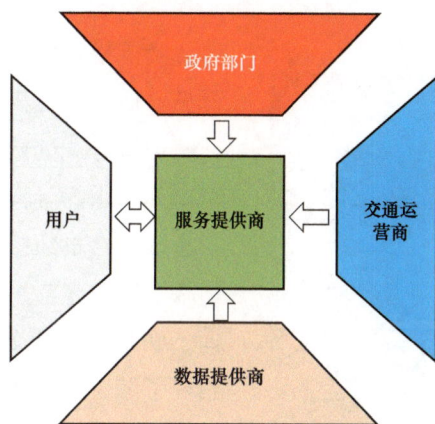

图 6-2　MaaS 平台结构

## 2）MaaS 解决的主要问题和实现的途径

MaaS 是基于已有的交通方式，在考虑乘客出行的时间成本、金钱成本和对环境影响的基础上，采用一种或多种交通方式服务乘客空间位置移动的一站式出行服务方式。

MaaS 平台基于公共交通智能调度、个人习惯分析、绿色出行优先等，整合互联网的支付能力，实现出行行程预定、路径一键规划、公共交通无缝衔接、费用一键支付等功能，整体提升公众公共交通出行满意度，实现公众绿色出行良好体验。

## 2. 铁路客票系统联程联运业务发展现状

2012 年，中国东方航空集团有限公司（以下简称东航）与中国铁路上海局集团有限公司联合推出了"空铁通"产品，旅客可通过东航官网购买该产品，凭身份证件在火车站指定窗口领取火车票；春秋航空股份有限公司（以下简称春秋航空）在 7 个城市也推出了旅客乘坐高速铁路到石家庄机场乘坐飞机，可报销高铁车票的服务。2018 年，中国铁路总公司与中国民用航空局签订战略合作协议，共同研究并实现"空铁联运"服务是协议中重要的一条。2020 年 8 月，东航与 12306 App 联合推出"空铁联运"产品，围绕铁路车次、航班信息共享、联合售票等方面，为旅客提供"一站式"联运售票服务。在互联竞争的同时，提升了旅客出行体验、扩大了客运市场。此外，2018 年，中国铁路广州局集团有限公司（以下简称广铁集团）在琼州海峡推出公铁海联运业务，即高铁、汽车、轮船 3 种方式的联运业务，提供"出发地—湛江西站—徐闻北港码头—海口南港码头—海口站/海口东站—目的地"的多种运输方式换乘，旅客需要分别购买换乘的火车票、汽车票和船票。2021 年 11 月，12306 App 上线广铁集团设计的"铁水联运"产品，购买赴海南的铁水联运票的旅客，可通过身份证或"一码通"在火车、轮渡、巴士之间无缝换乘。

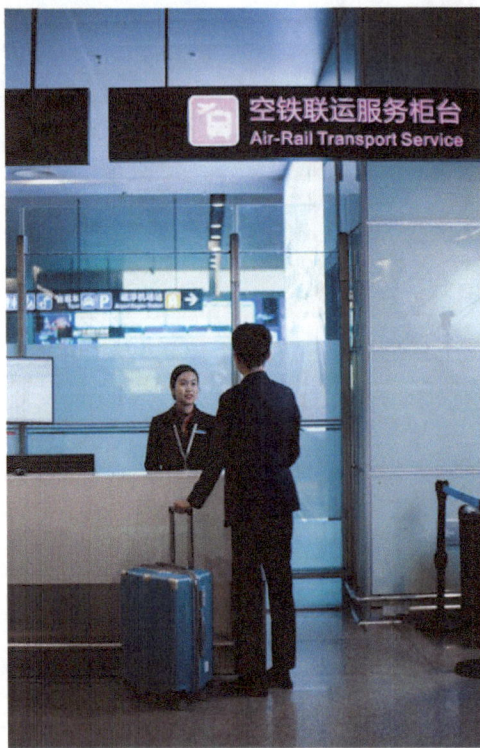

图 6-3　铁路 12306 空铁联运服务

我国铁路围绕综合交通服务开展了多项开拓性研究，提高了重点枢纽场站、重点区域跨运输方式的衔接效率，初步满足了以旅客出行需求为导向的票务一体化、信息互联共享、综合枢纽接续换乘等需求，初步构建了基于铁路客票系统的 MaaS 服务模式，发挥了铁路在综合交通骨干网中的重要作用，实现了综合交通运输体系下旅客运输向更集约、更低碳环保的方式转移。

目前，铁路 12306 空铁联运服务已接入国航、东航、南航的机票销售，空铁联运已覆盖全国 78 个枢纽城市，2 000 余条通达线路。近期，继东航、国航、南航后，12306 与春秋航空联手共同打造了以石家庄为换乘枢纽的空铁联运网络，可支持北京、衡水、保定、邢台、邯郸等经石家庄前往春秋航空国内各通航城市的双向空铁联运销售。铁路 12306 空铁联运服务如图 6-3 所示。

12306 空铁联运入口如图 6-4 所示。

图 6-4　12306 空铁联运入口

12306 机票及空铁联运服务购买界面如图 6-5 所示。

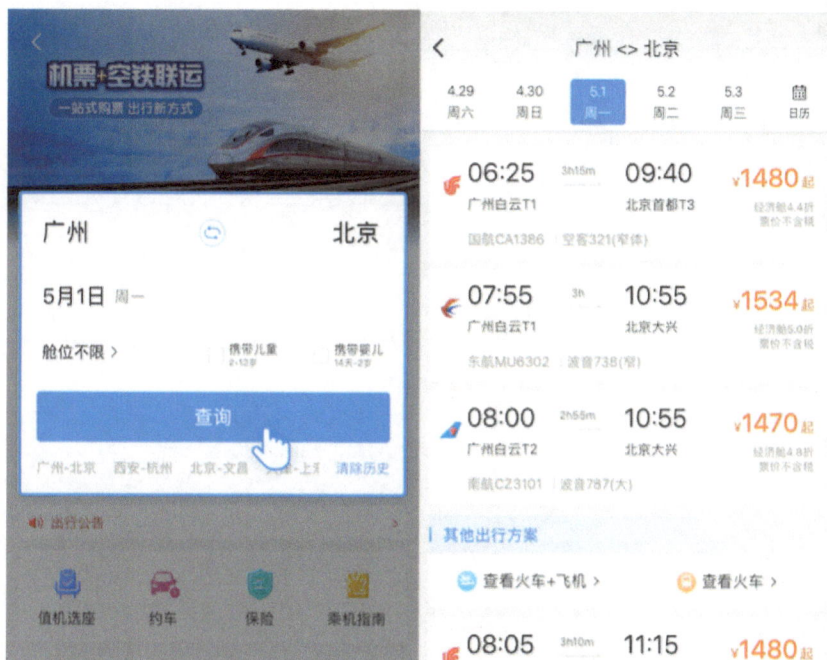

图 6-5　12306 机票及空铁联运服务购买界面

铁路 12306 联合东方航空推出"12306 特惠"及"新有所享"机票及空铁联运产品，通过 12306 App 购票，即可享受专属优惠价格，如图 6-6 所示。

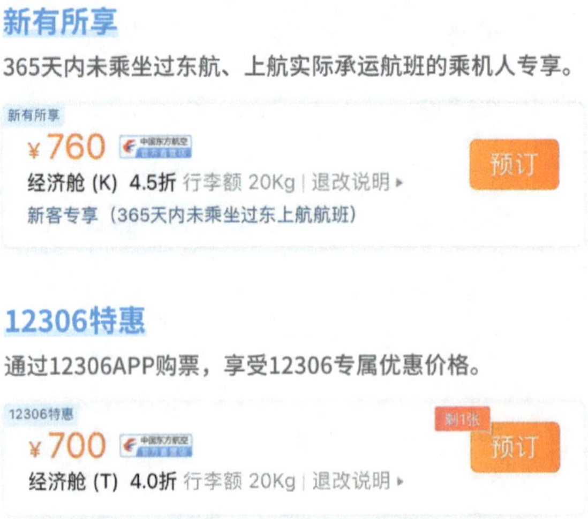

图 6-6　12306 联合东方航空推出优惠购票活动

12306 新增航班动态查询服务，随时随地掌握航班动态及出行信息。旅客可以在舱位选择页面点击"航班信息"进入航班动态，查看航班准点率、值机柜台及其他航班信息，如图 6-7 所示。

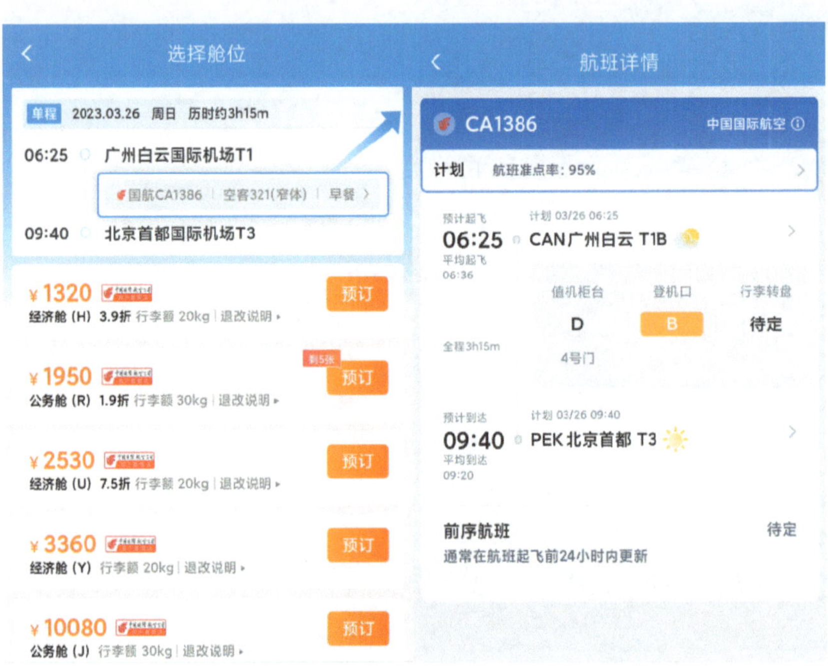

图 6-7　查看航班准点率、值机柜台及其他航班信息界面

旅客可在机票/空铁联运首页查看行程信息，快速掌握航班动态，点击"行程卡片"可查看行程详情，同行人、航班动态、值机柜台、登机口、行李转盘号一目了然，出行更从容，如图 6-8 所示。

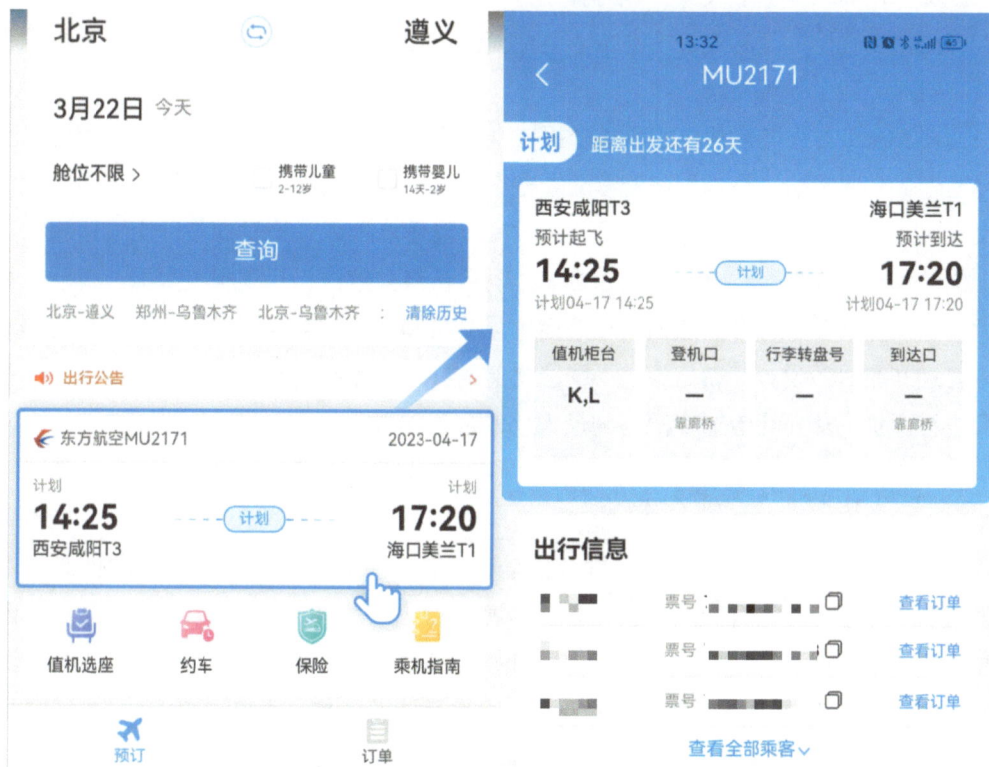

图 6-8　行程信息查询界面

当前，铁路客票系统联程联运业务已实现了综合交通行业的信息互联，具备 MaaS 服务的初步能力，但在运输资源配置、信息共享标准、服务产品体系、票务服务及联运保障的协同配合方面仍有很大提升空间。因此，需结合铁路业务特点和发展需求，在 MaaS 服务基础上，以运输资源配置最优化、信息共享标准化、服务产品体系化、票务服务一体化和联运保障协同化等需求为出发点，构建智能高效、安全便捷、融合畅行的铁路客票系统 MaaS+智能服务体系，推动 MaaS 在更深层次实现高质量发展。

**3. 面向 MaaS 的智能票务技术**

**1）面向 MaaS 的智能票务技术的概念**

未来面向 MaaS 的智能票务技术，以 MaaS 为理念，以铁路、航空、公路、水路等出行大数据为基础，以物联网、数字化、人工智能、网络安全等技术为支撑，将多种交通方式整合在统一的服务系统中，通过优化配置交通运输优势资源，搭建旅客出行一体化平台，在已实现的联运票务销售、出行服务等基础上，进一步完善信息共享能力，拓展运输资源配置、联运产品设计、智能化出行服务、联运保障服务等业务功能，以数据衔接出行需求与服务资源，打造"一站式""一单制"全行程服务生态链，实现多种交通方式协同运行，为旅客提供更智能、更高效、更安全、更便捷的出行服务模式，使出行成为一种按需获取的即时服务，让出行更简单。

面向 MaaS 的智能票务技术科学分析公众出行、人口迁徙、区域经济发展等特征和规律，为综合交通运输体系规划、资源配置方案优化提供数据支撑，提升综合交通运输体系资源运用水平、运输管理智能化水平及运输安全监管水平，充分发挥各种交通运输方式的整合优势和组合效率。结合铁路运输资源，利用铁路大数据、互联网大数据、智能感知等技术资源，开展基于综合枢纽的联程联运需求分析和客流预测，更精准地掌握旅客需求，指导客运产品服务设计，满足旅客不同层次的需要，支撑新业态产品落地实施，对新业态产品进行评价，从而让运输资源得到最大化的合理配置。

### 2）面向 MaaS 的智能票务技术的服务模式

（1）信息共享标准化。以数据融合推动行业信息共享标准化。聚合各项铁路客运信息及外部旅客出行所需信息，建立统一、规范的信息服务平台，主动向旅客提供购票及出行前、中、后等覆盖全流程的信息服务。推动行业内多种交通方式间信息资源互通共享，运用互联网、大数据、AI、隐私计算等技术，依托我国规模庞大的互联网用户，结合铁路客运服务信息的种类、分布、质量等情况，建立铁路客运服务信息规范和标准。构建铁路与社会客运服务信息资源共享框架，为旅客提供主动信息服务和全行程出行场景下的客运服务渠道。形成铁空公水联程信息资源共享框架，促进不同运输方式运力、班次和信息对接，通过互联网、移动互联网、物联网为铁路及第三方平台提供全面、便捷、可信的信息服务。实现覆盖旅客从购票到出行全流程的信息服务，方便旅客出行的同时，提高铁路增值服务经营的能力与水平，全面提升综合交通客运服务质量。

（2）联运产品体系化。挖掘行业服务内涵和外延，推进联运产品体系化。基于铁路内/外部运输资源和信息资源，构建旅客联程联运产品体系，其包含核心运输产品、基本运输产品和联合运输产品 3 个层次。

① 核心运输产品是运输服务提供给旅客的基本效用和利益，包括旅客列车开行方案、运力资源配置、运营保障基础设施、综合枢纽换乘接续等，体现了运输产品的基本功能。

② 基本运输产品是核心运输产品借以表现的形式，包括客运产品设计、运营保障服务、行程规划服务、产品销售服务等，是运输产品向市场提供的实体和形象。

③ 联合运输产品，是铁路有机衔接航空、公路、和水路，为旅客提供的一站式购票、

一体化票务、信息及运输等服务产品，包括联运产品设计和销售、联运行程规划、联运协调与保障等，拓宽运输产品内涵，丰富运输产品层次，打造以铁路为主导的综合交通一体化框架。

（3）出行服务一体化。铁路需求和外延需求双驱动，推进出行服务一体化。优化铁路客运服务，拓展出行外延业务。在铁路客运服务方面，进一步丰富销售渠道，为用户提供更便捷的触达方式；细分客户群体，提供各具特色的客票预约及售票服务；丰富线上线下支付方式，实现积分混合支付；全渠道实现 24 h 售票服务，与航空等交通方式 24 h 票务互通；持续优化电子客票，为旅客提供定制化、免打扰式检/验票服务；优化铁路延伸服务，提供铁路段全行程服务保障。在联运一体化出行服务方面，与其他交通方式共同制定一体化联程服务标准，在满足各独立运营、减少数据集中存储的前提下，研究铁路与航空、公路等主要客运方式电子客票互联互通的技术规范，建立多模式交通信息资源共享框架，促进跨运输方式电子客票信息互联互通。在此基础上，推行全面实名制运输、"一票制"客运服务，逐步构建铁空公水联程运输支付及清算体系，基于地理空间模型、AI 技术、组合优化技术优化铁空公水行程规划和客票打包销售策略。利用线上 12306 网站和 12306 App 的用户和流量优势，线下售票窗口及自动售票机的网络布局和数量优势，为旅客出行提供全方位、多种交通方式联程联运、面向全国"一站式"行程规划的客票服务；同时，通过移动端整合、推送导航、天气等服务，提升旅客出行体验。

（4）联运保障协同化。多模式经营促进联运保障协同化。联动保障和协同运营组织是推进和保障旅客联合运输的必要条件，是铁路、航空、公路、水路相关运输主体在客运组织、票务预订、运力匹配、行李服务、时刻表对接等运输过程中开展的全流程联合的协调匹配管理过程。与其他行业联合开发跨运输方式的联运行李一体化服务、异地候机候车候船、值机、托运、安检等双向业务，研究联运旅客行程延误解决方案，提出突发事件情况下应急联动保障措施和联运服务投诉处理机制，确定联运责任分配和补偿办法，为制定联程运输协议和标准提供依据；同时，探索商业保险等第三方保障机制，消除联运责任偏差，有效整合铁路与其他行业各自优势，促进联运保障协同，实现融合发展与共赢。

### 3）面向 MaaS 的智能票务技术的构建

（1）硬件支撑平台。硬件支撑平台根据铁路客票业务海量访问、大流量、高并发、实时响应、高可靠等特点，综合应用先进成熟的集群化、虚拟化、容器化等技术，采用成熟、可靠的硬件支撑平台，为 MasS+旅客出行一体化的不同业务应用场景提供硬件基础设施。

（2）技术支撑平台。技术支撑平台包括统一接入、数据资源调度与同步等适应旅客出行一体化发展的集中处理框架子平台，以及分布式计算、大数据处理、新技术应用和软件运行环境等基础技术平台，为 MaSS+智能服务平台提供服务框架、服务管理、数据分析和数据存储等基础技术能力。

① 服务框架拟采用多种微服务运行架构相结合的方式实现，并降低架构组件对业务应用的侵入。

② 服务管理主要包括微服务治理、研发运营维护管理、运行中间件管理和自动化测试 4 个部分。微服务治理提供注册中心、配置中心、全链路追踪、系统监测、消息总线、认证授权、服务网关、分布式事务、日志管理、熔断降级等多个组件，实现平台服务统一管理功能。

③ 数据分析包括计算引擎和 AI 引擎。计算引擎使用数据计算引擎技术，实现系统的各种数据采集、数据整理、数据分析等数据处理能力。AI 引擎基于 AI 技术框架，构建统一的机器学习平台，覆盖数据—建模—服务—监控等主要机器学习流程，同时兼顾机器学习的实验探索阶段和正式的生产环境。

④ 数据存储应采用传统关系型数据库技术、内存数据库技术、分布式数据库技术相结合，实现业务在各种数据应用环境下的数据存取。

（3）MaaS+智能服务平台。MaaS+智能服务平台由铁路智能服务子平台、信息共享子平台和联运子平台 3 部分组成。铁路智能服务子平台提供铁路旅客出行相关的智能票务、智能管理、智能营销等服务功能；信息共享子平台通过多种交通方式的信息共享，实现全程畅行规划、数字化接驳引导、终端智能交互等服务；联运子平台实现铁空公水联运一站式信息服务、轻量化的新型城际铁路票务服务、广深港高铁的票务融合服务等功能。

（4）服务渠道。通过 12306 网站、12306 App、售票窗口、电话、自助设备、手持终端、微信公众号、微信小程序等渠道，为各渠道用户，以及综合交通主管部门、其他运营企业等提供 MaaS+智能服务。技术上提供应用服务和网关/负载均衡能力，应用服务宜采用 B/S 架构，保证系统前后端分离，采用微服务实现后端服务。使用网关软件与专用硬件设备相结合，实现应用网关和负载均衡功能。网关/负载均衡可纳入铁路客票系统统一接入范畴，实现注册、单点登录、服务协作、统一管理等功能。

面向 MaaS 的智能票务技术的构建如图 6-9 所示。

铁路部门以改革创新为根本动力，以满足人民日益增长的美好生活需要为根本目的，统筹发展和安全，利用云计算、大数据、人工智能等智慧化手段和新技术，为出行服务的创新变革，尤其是为向公众提供个性化、高品质服务方面，带来了更多可能性。

| 服务渠道 | | | | | | | | |
|---|---|---|---|---|---|---|---|---|
| 网站 | App | 窗口 | 自助设备 | 电话 | 公众号 | 小程序 | 手持终端 | …… |

**MasS+智能服务平台**

**联运子平台**

| 铁空联运 | 铁水联运 | 铁公联运 | 广深港高铁 | 新型城际 |
|---|---|---|---|---|

**信息共享子平台**

| 全程畅行规划 | 数字化接驳引导 | 终端智能交互 |
|---|---|---|

**铁路智能服务子平台**

| 智能票务 | 智能管理 | 智能营销 |
|---|---|---|

**技术支撑平台**

| 统一接入管理 | 数据资源调度与同步平台 |
|---|---|

| 分布式计算框架 | 分布式存储服务 | 大数据基础组件 | 新技术基础框架 | 软件运行支撑 |
|---|---|---|---|---|

**硬件支撑平台**

| 存储资源池 | 网络资源池 | 计算资源池 | 安全资源池 |
|---|---|---|---|

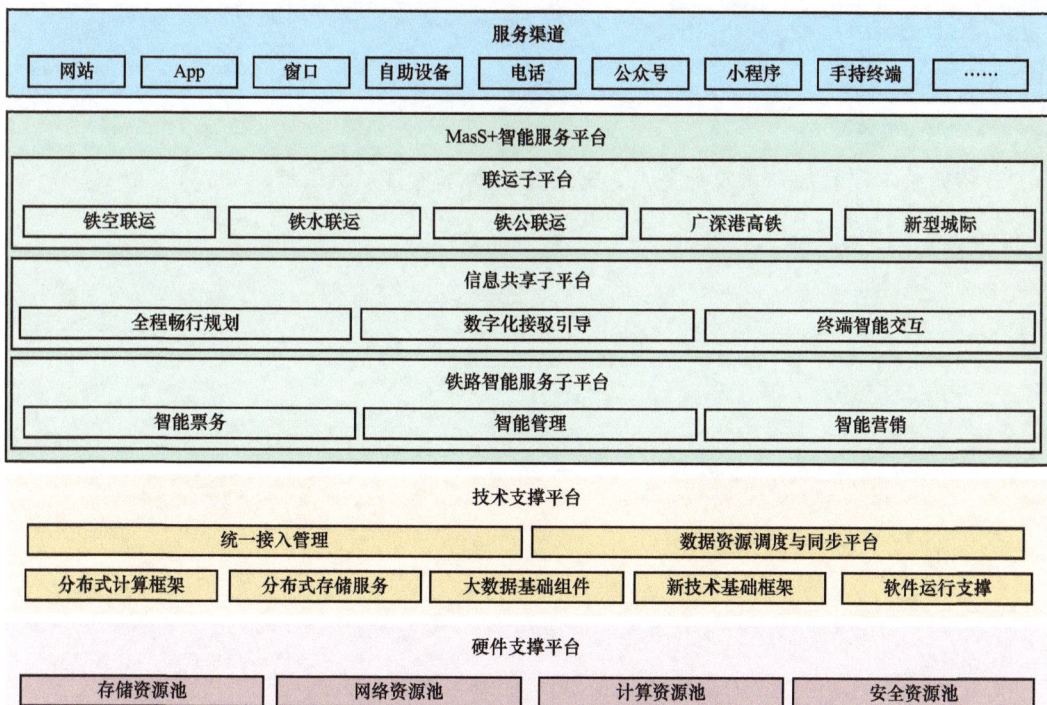

图 6-9　面向 MaaS 的智能票务技术的构建

项目小结

总结归纳本项目的知识技能要点，并尝试绘制本项目知识图谱。

├ 本项目知识技能要点 ┤

├ 本项目知识图谱 ┤

# 项目 7
# 智能客服技术

## 项目目标

掌握智能客户服务体系的体系架构

了解智能客户服务体系数据流转的特点

掌握人工智能平台服务体系的基础知识

智能客服（客户服务）技术是智能高速铁路智能服务的重要组成部分，其对于提升旅客出行体验，增强旅客的获得感、满足感具有重要的意义。

在国内经济不断发展的趋势下，铁路旅客运输实现了新的突破，客运产品类型和服务水平不断改进。随着铁路服务水平的快速提高，现有的传统的客服中心已经开始不适应日益发展的以客户为中心的客运服务，运用新技术手段，向智能客服中心发展成为必然选择。

铁路客服中心近年来从方便旅客出行的角度出发，不断改善工作方式，优化服务流程，开通了 12306 客服热线、12306 App 等服务渠道，开展客运业务、列车正晚点、增开停运、携带品范围、行李包裹、高铁快运等咨询服务，积极拓展团体票预订、动车组订餐、车站免费 WiFi 等新业务，为旅客提供超出预期的增值服务。但随着社会公众对于铁路系统服务需求的逐步提高，铁路对服务要求的不断升级，客服中心面临着咨询方式单一、咨询问题高度集中、咨询服务力量严重不足、旅客咨询需求无法及时响应等问题。打造智能客户服务体系是提升客户满意度的需要。

## 1. 构建智能客户服务体系

### 1）指导思想

客服中心为适应"智慧客运"，构建了智能客户服务体系，进行了整体规划，组成构建智能客户服务体系项目组，对客服中心数据流转管理机制进行升级，创新拓展非集中式远程客服，以及引入人工智能对接客服管理培训系统和客服系统，打造"互联网+人工智能"全新客服中心"智能客户服务体系"。

### 2）建设目标

智能客户服务体系的建设目标是满足旅客服务要求，提升客运经营效率，提高企业发展潜力。以"互联网+"为导向，培养信息化管理思维，运用人工智能理论方法，整合铁路客服业务和现有管理流程的梳理确认、优化重组，从总体上提高铁路客服的运营管理水平。

通过智能客户服务体系的建设提升客运总体运营管理的效率。通过信息化建设让数据实现互联互通共享，并且让数据做到可视化、直观化，让数据作用最大化，使铁路客运管理更加科学精细、决策更加精准精确，实现旅客体验更佳、作业效率最高、客运资源利用最优、经营效益更好的目标。

### 3）体系架构

构建智能客户服务体系主要分为 4 部分：智能管理系统体系升级，以建设工单流转管理系统为基础，建立客服大数据库，进行数据化、流程化管理体系的升级。工单管理数据化后，数据处理进入数据库，数据分析人员可以随时抽取工单数据，用以数据分析，而根据这些数据分析的结果，可以随时调整管理的方向，降低管理的难度，提高客服中心服务质量和效率。智能人力资源体系升级，拓展非集中式的远程客户服务。远程客服的增加，只要有互联网和基础硬件，就可以根据忙季、应急等特殊时期随时随地随处接入客服中心系统，最大化增加了系统使用率，并节约了办公场所和人力资源内耗，进而节约了成本，增加了客服中心服务效率。

智能客服人工智能体系升级，顺应社会客服发展潮流和铁路智能客运服务理念，客服中心全面接入人工智能，体现了智能客户服务体系管理引入新思维新理念的创新，也减轻了客服团队的压力，提升了客服的品质。

智能客运多元化服务，搭载 12306 App，开发客服特色服务，主要包括遗失物品查询和重点旅客服务，并且为旅客提供订票和订餐业务。

## 2. 升级客服中心数据流转管理机制

### 1）升级客服中心服务工单管理平台

系统升级之前，客服中心与站段调度应急中心之间、站段调度应急中心与车队（自然站）之间有关遗失物品查找、重点旅客预约等，仍通过邮件流转和反馈信息，影响服务质量的深化和提高。对服务工单管理平台进行升级，实现信息的快速流转，并且做到数据可视化、流程化，并为数据库提供基础数据，为未来的数据分析打下坚实基础。

### 2）完善工单流转业务流程

新升级的信息化工单流转业务流程可以实现业务流程配置化、流程处理可视化、数据传输实时化、信息处理集中化、统计分析多样化。

## 3. 拓展非集中式远程客户服务平台

### 1）建立远程客户服务平台

客服中心建立远程居家办公模式，在物理设备上新增 X86 架构的 PC 服务器、互联网接入设备、智能接入终端、话务员耳机。

### 2）建立远程客户服务标准体系

为规范远程作业体系，客服中心建立了远程服务标准体系。增加了在线时间和考勤时间的内容标准，通话过程讲全程被录音，抽查概率高于固定坐席抽查率的 50%。在设备系统和功能使用上，远程办公流程和使用系统也与现场办公客服一致，使远程客服的服务水平和效率毫不低于现场办公客服。

### 4. 升级人工智能平台服务体系

#### 1）升级人工智能平台

客服需要通过 Web、App、微信公众号、E-mail、短信、电话、IM 工具等多媒体通道与客户实现智能化互动，引进智能机器人，实行 7×24 h 智能服务。主要应用于以下场景。

① 智能语音服务。通过语音识别及分析技术构建智能化、人性化、高效率的"智能语音服务系统"，实现 IVR 菜单"扁平化管理"。

用户进入"语音导航系统"，只需"说"出自己的需求，即可获得所需的信息与服务。

② 智能机器人。智能机器人 7×24 h 在线实时回复用户提问，如微信、手机 App 等，可以完整地传递文字和语音信息，结合图片、文字、音频、视频等媒体给用户最完整的回复。

智能机器人核心功能主要有智能语音交互、舞蹈表演、人脸识别游戏、自动迎宾等。

③ 智能知识库。客服中心员工智能知识库，采集相关业务文档，形成知识库素材。根据业务办理的流程及要求，把相关素材整理成各类知识，采用智能查找引擎查找到结构或非结构化知识中的关键词要素，供客服代表查找和参考，形成智能知识库。

学习培训模块是将企业知识、业务相关内容，以课程培训形式提供给知识使用人员学习。

知识库培训考试是基于知识库系统，根据知识库的更新、使用、业务等情况，使培训和学习相互促进。

#### 2）创建人工智能标准服务体系

人工智能服务标准体系，包含 7 个模块，分别为作业方式模块、人力资源管理模块、知识库管理模块、客户管理模块、销售管理模块、服务管理模块、信息服务模块。

#### 3）开发 12306 App 多元化服务

12306 移动客户端主要提供服务资讯、列车时刻、正晚点、候乘信息、雷锋服务站、失物招领、代售点等信息查询服务；提供商铺和旅游等产品展示服务；提供订票、智能客服、重点旅客预约、贵宾服务及动车组餐饮预订等服务。

### 5. 实施效果

铁路客服中心新型智能客户服务体系创造了良好的管理效益、经济效益和社会效益。

### 1）全路首创新型智能铁路客户服务体系模式

三网贯通工单管理信息化升级处理效率全面提升，遗失物品查找成功率提高了 20%，重点旅客预约 100% 兑现。工单流转数据化促使工单流转数据进入大数据库，大数据库的建立和数据的收集，对客户的出行习惯、出行需求、出行轨迹等进行分析。建立非集中式远程客户服务平台，使人力资源优化利用，使坐席居家办公增至 15 席，节约成本约 180 余万元。人工智能的使用，使客服中心日均人工接听电话数较原来减少了 2 000 余个，人工接听率稳步提升。

### 2）提质增效成果显著

通过智慧客户服务体系的搭建，旅客运输取得显著成绩，压缩了客服的成本，提高了服务的效率，提升了服务品质，促进了客运增运增收。杜绝了严重的责任投诉和服务质量事件，全社会和广大人民群众对铁路工作的满意度、认可度有了进一步提升。

### 3）社会效益良好

智慧客户服务体系的搭建，反映了铁路客户服务管理的科学化、人文化。客户服务系统的进一步细化，本着对客户更加负责的态度，通过系统抓取的客户数据，认真研究客户行为，为客户提升更便捷优质的服务，使铁路客服给客户带来更好的服务体验，使客户在旅途路上有归属感，对构建新时代和谐社会有更进一步的意义。另外，铁路客服远程居家工作，对以女性员工为主的呼叫中心单位有巨大社会价值，可有效地减少员工上下班的交通时间成本，变相减轻城市负载率，减少大城市拥堵，为城市空气质量提升、城市环境保护贡献绵薄之力。

### 4）铁路客运服务品牌形象提升

智慧客户服务体系给客户带来了更高的服务响应速度，提高了客户满意度。新型智能机器人在科技化站点的设立，也对提升企业形象，增强企业品牌价值有巨大推动作用。App 中提供的订餐、订票功能，为客户提供了方便快捷的乘车体验，使客户更乐于继续使用和推广铁路客户服务系统，有利于积累客户的口碑。由于服务手段和质量的不断提升，势必将企业品牌形象上升到一个新高度。

## 项目小结

　　总结归纳本项目的知识技能要点，并尝试绘制本项目知识图谱。

├ 本项目知识技能要点 ┤

├ 本项目知识图谱 ┤

# 参考文献

［1］王同军．智能高速铁路概论［M］．北京：高等教育出版社，2023．

［2］杨德威．构建智慧客户服务体系的思考［J］．上海铁道科技，2018（1）：135-136．

［3］刘军，陈小忠，赖晴鹰，等．构造高速铁路客运服务新模式的探讨［J］．铁路计算机应用，2018，27（7）：17-20．

［4］李琨浩．基于"5G"网络的铁路车站智慧服务体系研究［J］．城市，2019（9）：65-68．

［5］李依诺，张秋亮．列车客运服务与管理移动终端系统的设计与实现［J］．铁道运输与经济，2016，38（8）：43-46．

［6］陈春强．面向未来高铁的智能铁路枢纽客站架构与设想研究［J］．智能建筑与智慧城市，2024（1）：148-150．

［7］汪健雄，张晨阳，肖玉兰，等．铁路客票系统 MaaS+智能服务体系研究［J］．铁路计算机应用，2022，31（7）：69-74．

［8］杨国元．铁路客运管理信息系统总体架构及关键技术研究［D］．北京：中国铁道科学研究院，2016．

［9］史天运，张春家．铁路智能客运车站系统总体设计及评价［J］．铁路计算机应用，2018，27（7）：9-16．

［10］景辉，王心雨，阎志远，等．智能服务机器人在铁路客运站应用场景的设计与实现［J］．铁道运输与经济，2024，46（1）：51-58．

［11］向世豪．智能服务机器人在铁路客运中的可行性研究［J］．运输经理世界，2021（23）：84-86．

［12］王斌，朱建军，谭雪．智能推荐系统在铁路客运延伸服务中应用研究［J］．铁路计算机应用，2019，28（3）：33-36．